PIÈGE D'IDENTITÉ

DU MÊME AUTEUR

Le Monde d'après. Une crise sans précédent, avec Matthieu Pigasse, Plon, 2009 ; rééd. coll. « Pluriel », 2009.

La Dictature de l'urgence, Fayard, 2011 ; rééd. coll. « Pluriel », 2013.

Gilles Finchelstein

Piège d'identité

Réflexions (inquiètes)
sur la gauche, la droite et la démocratie

Fayard

Couverture : un chat au plafond
Photographie : © Baltel/Sipa

ISBN : 978-2-213-68098-9
Dépôt légal : janvier 2016

En souvenir de
Marie Nuchimovitch,
David Mendelovici,
Zisel Leizerovici,
Ghiliam Finchelstein

Pour
Janine et Maurice Finchelstein

Note aux lecteurs

Les surréalistes avaient inventé un jeu littéraire dans lequel les participants devaient écrire à tour de rôle une partie d'une phrase, sans savoir ce que le précédent avait écrit. De la première expérience – « Le cadavre – exquis – boira – le vin – nouveau » –, ce jeu gagna un nom pour la postérité : le cadavre exquis.

Depuis 2009, je pratique, seul, une sorte de cadavre exquis. Mon premier essai, avec Matthieu Pigasse, se terminait par cette phrase : « L'urgence est de sortir de la dictature de l'urgence[1]. » Mon deuxième essai s'intitula donc *La Dictature de l'urgence*[2]. Il se concluait par un appel à « la salutaire refondation du clivage entre la gauche et la droite ». Tel est précisément le point de départ de ce troisième essai, *Piège d'identité*. Cet enchaînement pourrait se lire comme le signe d'un tempérament facétieux – je m'en réjouirais. Mais il y a malgré tout une cohérence dans ces réflexions sur la crise financière de 2008 et sur les mutations de notre

1. Gilles Finchelstein, Matthieu Pigasse, *Le Monde d'après. Une crise sans précédent*, Plon, 2009.

2. Gilles Finchelstein, *La Dictature de l'urgence*, Fayard, 2011.

rapport au temps : elles ont pour point de convergence la crise de la démocratie, dont il sera question ici.

Le lecteur attentif – très attentif – remarquera que cet essai est plus personnel que les deux précédents. J'y fais davantage part de mes convictions, de mes expériences. On pourrait voir dans cette évolution un signe d'une hypertrophie de l'ego – je le déplorerais. J'ai plutôt voulu suivre le conseil d'Emmanuel Carrère qui, dans *Le Royaume,* expliquait qu'il aime, quand on lui raconte une histoire, « savoir qui la raconte » et, de ce fait, « les récits à la première personne[1] ».

Une dernière chose. Trois niveaux de lecture différents sont possibles : à chacun de choisir le sien.

Il y a d'abord l'introduction – qui, comme dans mes précédents essais, n'est pas une introduction mais une synthèse. Vous pouvez la lire si vous préférez connaître le tout avant de découvrir les parties. Vous pouvez vous en contenter si vous êtes pressé. Vous pouvez aussi vous en dispenser si vous êtes prêt à avancer pas à pas dans le cheminement de cet essai.

Il y a ensuite les dix réflexions sur la démocratie. Disséminées ici et là, elles servent de respirations et de transition, mais elles constituent aussi un fil rouge.

Il y a enfin le reste, c'est-à-dire le cœur de l'essai ; il est possible aussi de le lire en entier de la première à la dernière page.

1. Emmanuel Carrère, *Le Royaume,* P.O.L., 2014, p. 147-148.

Introduction

Cette fois-ci, c'est sérieux, vraiment sérieux.

Cette fois-ci, c'est notre bien le plus précieux, la démocratie, qui est ébranlé.

En Europe, à peu près partout.

En France, maintenant.

Attentats, réfugiés, chômage, Front national : le climat est incandescent.

Le pays a les nerfs à vif.

La situation se dégrade de manière vertigineuse.

Il est temps, il est grand temps, de réagir en ce début d'année 2016 qui dessinera le fond de décor d'une élection présidentielle aussi déterminante qu'inquiétante.

C'est pourquoi cet essai s'adresse à tous ceux qui sont attachés à la démocratie.

Nous assistons, impuissants et inconscients, à un basculement historique de notre vie publique que chacun peut constater.

Le débat sur l'égalité s'étiole.

Le débat sur l'identité prospère.

C'est un piège. Pour la gauche, si elle choisissait de l'éluder. Pour la droite, si elle continuait à l'hystériser. Pour la démocratie surtout, qui risque de s'y perdre.

Notre perception même de la réalité finit par se trouver altérée par ce basculement.

Nous surévaluons les problèmes liés à l'identité – une récente enquête internationale l'a illustré de manière spectaculaire. Partout, les citoyens ont été appelés à estimer le nombre de musulmans présents dans leur propre pays. Parmi les quatorze peuples interrogés, ce sont les Français qui étaient les plus éloignés de la réalité, et dans des proportions considérables : ils ont répondu, en moyenne, 31 % au lieu de 8 %[1].

Nous sous-évaluons à l'inverse la réalité des inégalités. 40 % des propriétaires de résidence secondaire – ils ne sont que 3 % dans notre pays – pensent appartenir à la moitié inférieure de la distribution des revenus. Et, symétriquement, 60 % des personnes situées dans le tiers le plus modeste de la population pensent que leurs revenus les classent dans le tiers intermédiaire, voire dans le tiers le plus aisé[2]. Bref, les riches se croient plus pauvres et les pauvres plus riches qu'ils ne le sont réellement.

Mais il y a plus grave.

Si l'on veut schématiser, ce qui est parfois éclairant, on peut dire que l'égalité renvoie pour l'essentiel à ce que l'on a – ou à ce que l'on espère avoir –, quand l'identité renvoie à ce que l'on est – ou à ce que les autres pensent que l'on est.

1. *Perils of Perception*, Ipsos, 2014.
2. Insee Première nº 1515, septembre 2014.

Et c'est précisément là que se nichent deux menaces majeures pour notre démocratie.

Menace sur la concorde collective, d'une part. On ne peut espérer vivre ensemble dans quelque société que ce soit sans compromis – c'est même la mission première de la démocratie que de réguler pacifiquement les divergences d'intérêts. Or, il est bien plus difficile de trouver des compromis sur ce que l'on est que sur ce que l'on a – le compromis est déjà suffisamment difficile à atteindre en France, surtout aujourd'hui, pour ne pas prendre le risque d'en rajouter…

Menace sur la liberté réelle du vote, d'autre part. J'en ai fait l'expérience maintes et maintes fois dans les pays, si nombreux, où c'est l'identité qui structure le débat public. Que se passe-t-il alors ? Ce n'est plus votre vote qui constitue une partie de votre identité ; c'est votre identité qui détermine entièrement votre vote. Ici, c'est la région où vous habitez. Là, la religion que vous pratiquez – ou que vous êtes censés pratiquer. Ailleurs, c'est la tribu, la communauté, l'ethnie à laquelle vous appartenez.

Le risque, c'est de se trouver à notre tour empêtrés dans cette « anecdote irlandaise » qu'évoque avec humour Régis Debray dans *Un Candide à sa fenêtre*[1] : « Protestant » ou « catholique » ? demande à Belfast le sergent recruteur au conscrit, pour remplir sa fiche. « Athée », répond l'autre. Et le premier, agacé : « Athée catholique ou protestant ? »

1. Régis Debray, *Un Candide à sa fenêtre,* Gallimard, 2014, p. 73.

Nous n'en sommes pas là – mais presque.

Aujourd'hui, déjà, le débat se structure autour de l'identité.

Demain, ce sera peut-être au tour du vote – c'est la fiction de Michel Houellebecq dans *Soumission* ; c'est ce à quoi peut aboutir la proposition de constitution d'un « parti musulman » qu'un grand intellectuel comme Pierre Manent a soutenue à l'occasion de la parution d'un stimulant essai, *Situation de la France* ; c'est ce qu'a connu, comme un prélude, la région Île-de-France aux élections régionales avec la liste de l'Union des démocrates musulmans[1] ou, en miroir, l'Australie avec le parti antimusulman.

Pour comprendre ce qu'il s'est passé, il faut repartir d'une idée simple.

Ce qui distingue les démocraties des totalitarismes, c'est qu'elles reconnaissent et légitiment les clivages. Et ce que nous vivons aujourd'hui, c'est la déstructuration des clivages – au premier chef du clivage gauche-droite.

J'aime le clivage gauche-droite. Je le considère comme le meilleur révélateur du bon état d'une société et de ses institutions. Mieux, je le tiens pour le clivage de la liberté – celui qui, justement, n'assigne personne à résidence sociologique. Aussi est-ce à regret que je constate aujourd'hui sa dévaluation. Car il n'a plus et il n'aura plus la place que nous avions l'habitude de lui

1. Cette liste n'a rassemblé que 0,4 % des suffrages exprimés.

voir occuper. Pour s'en convaincre, il suffit de comparer, terme à terme, la situation d'aujourd'hui à celle de 1980.

1980 : le clivage gauche-droite connaît peut-être son âge d'or. Les citoyens le jugent pertinent. L'opposition entre les deux camps est radicale et recouvre un champ infini. La frontière est infranchissable.

1980-2015 : tout change. Le clivage gauche-droite se relativise, du fait des alternances, des cohabitations et des ouvertures. Pis, il se lézarde, sous l'émergence à la fois de nouvelles forces politiques – notamment à l'extrême droite – et de nouvelles questions politiques – à commencer par la construction européenne. Il est même transcendé à plusieurs reprises, de la seconde guerre du Golfe en 2005 en passant par l'élection présidentielle de 2002 et, plus récemment encore, lors des élections régionales.

2015 : le clivage gauche-droite est en plein brouillard. Brouillard électoral, car la mobilité des citoyens est devenue une nouvelle norme et la fidélité politique une survivance de plus en plus précaire… Pas moins de quatre millions d'électeurs sont passés de gauche à droite ou de droite à gauche dans les six derniers mois de l'élection présidentielle de 2012. Brouillard politique, car les débats ne portent plus sur les structures – État ou marché ? École publique ou privée ? –, mais sur des mesures – de plus en plus techniques et donc de moins en moins lisibles. Brouillard idéologique, car les citoyens non seulement ne considèrent plus le clivage pertinent, mais sont de plus en plus nombreux à ne même plus se classer dans l'un ou l'autre camp.

On peut débattre de l'ampleur de ce qui, dans l'opposition entre la gauche et la droite, a disparu et de ce qui reste vivant – une culture, des tempéraments, des fidélités, des idées. Mais on ne peut contester que le clivage gauche-droite a connu une relégation et une dévaluation. Il était « le » clivage hégémonique. Il est désormais « un » clivage parmi d'autres.

Un clivage vacille, certains tentent donc de lui en substituer un autre pour restructurer tout le champ politique. Un clivage puissant et alarmant : c'est le clivage peuple-élite – si insatisfaisants que soient ces deux concepts.

Le divorce entre le peuple et les élites est prononcé. Pour le peuple, les élites ont échoué partout – sauf dans la préservation de leurs propres privilèges. Pour les élites, le peuple est inconséquent, rétif au changement, inconscient des réformes à engager – alors même qu'il y a urgence.

De cette défiance mutuelle naissent deux tentations jumelles.

La première est la tentation populiste.

Les thuriféraires de la nouvelle « cause du peuple » n'ont pas que des torts. Au risque de la provocation, il y aurait même un « bon populisme » : celui qui reconnaît la légitimité des préoccupations des milieux populaires et la spécificité de leur situation ; celui qui mesure les dérives des élites et les blocages du système.

Mais l'invocation du « peuple » est hasardeuse, tant le concept est ambigu. La mythification du peuple – qui, par nature, serait dans la décence, dans le juste, dans le vrai – est stupide. Et l'instrumentalisation du peuple à des fins tactiques est dangereuse. Les populismes prospèrent partout en Europe – et pas seulement dans les pays fracassés par la crise économique. En France, le populisme gagne du terrain. S'y affrontent désormais un populisme de droite et un populisme de gauche. Le clivage central ? Pour Marine Le Pen, il oppose les « patriotes » aux « mondialistes » ; pour Jean-Luc Mélenchon, le « peuple » à l'« oligarchie ». Le bouc émissaire ? Pour la première, le musulman ; pour le second, l'Allemand.

Le populisme est en pleine puissance idéologique, mais dans l'impuissance électorale. Il progresse de manière spectaculaire mais ne peut l'emporter – telle est en tout cas ma conviction s'agissant de 2017. Les populistes ne peuvent s'allier. Et ils ne peuvent davantage gagner seuls. Marine Le Pen a certes fidélisé un électorat, et sa présence au second tour est une hypothèse probable. Mais après ? En dehors du Front national, 78 % des Français estiment que le FN est un parti « d'extrême droite » et à peu près le même pourcentage ont une opinion négative de Marine Le Pen. 85 % des Français sont partisans de rester dans l'euro. Toutes les conditions étaient réunies pour que le Front national emporte une région en décembre 2015[1]. Mais le sursaut du second tour des élections régionales a montré qu'une majorité de Français ne veut tout simplement pas du Front national.

Bref, un climat populiste prospère, mais les populistes ne gagneront pas et ne restructureront donc pas notre démocratie autour du clivage peuple-élite.

Fin de partie ? Non !

Il y a la seconde tentation : celle, paradoxale, d'une partie des élites qui, sans même s'en rendre compte, alimente elle-même ce clivage. Je veux parler de ce rêve caressé ici et là du « gouvernement des meilleurs », de la « grande coalition » ou de « l'alliance des réformistes ».

L'hypothèse n'est pas dénuée de pertinence. Cette alliance serait nécessaire, car, dans la nouvelle compétition économique mondiale, des gouvernements minoritaires manquent à la fois de temps et de force pour conduire des réformes de grande envergure. En outre, il suffit de regarder autour de nous pour se convaincre que cette alliance des réformistes est désormais possible. De plus en plus d'États européens sont dirigés par des gouvernements de « grande coalition ». Et l'Union européenne ne fonctionne et ne peut fonction-

1. Une élection locale – qui permettait au FN de profiter de ses zones de force. Un enjeu secondaire – les Français ne connaissent guère les compétences des régions. Un contexte de crise avec les migrants et les attentats, qui amène naturellement le débat sur les thèmes de prédilection du FN.

ner que dans le compromis entre sociaux-démocrates et démocrates-chrétiens.

Tout cela n'est pas faux.

Mais, face à ce constat, deux stratégies bien différentes peuvent être imaginées.

Il y a, d'une part, ce qu'Hubert Védrine a appelé la « coalition pour la réforme », c'est-à-dire une « grande coalition » à la française.

Je pense que c'est largement une illusion : le passage aux travaux pratiques – coalition avec qui et sur quoi ? – est difficile.

C'est une formule politique qui ne pourrait voir le jour que par l'adoption d'un autre mode de scrutin, la représentation proportionnelle intégrale. On créerait un risque d'instabilité durable pour régler un problème temporaire. On mettrait en place une démocratie sans alternance possible : les électeurs ne pourraient que modifier l'équilibre à l'intérieur du grand bloc central qui, comme sous la IVe République, serait le seul à pouvoir gouverner.

On donnerait aux milieux populaires l'impression qu'ils sont exclus du pouvoir et on alimenterait ainsi le clivage peuple-élite.

Il y a, d'autre part, une stratégie que l'on pourrait appeler le combat pour le réformisme.

Elle suppose que les réformistes mènent le combat et remportent la victoire à l'intérieur de leur camp respectif. Voilà la condition préalable à une autre manière, moins manichéenne et moins systématique, de vivre le clivage gauche-droite.

Je me résume.

Ni le clivage gauche-droite, ni le clivage peuple-élite ne réussiront à structurer à eux seuls le champ politique.

Les deux clivages vont durablement se mêler et s'entremêler.

Nous vivons ainsi une déstructuration des clivages, à laquelle s'ajoute une mutation de la politisation. Les Français ne sont pas moins politisés, ils le sont différemment : moins par l'idéologie, plus par leur expérience, c'est-à-dire par ce qu'ils vivent au quotidien, voient à la télévision ou sur les réseaux sociaux.

Ainsi, ce sont de grandes questions qui s'imposent dans le débat public ; des questions suffisamment concrètes pour rencontrer un écho chez chacun et suffisamment abstraites pour nourrir un débat en généralités.

La liberté ? Cela le mériterait – notamment s'agissant de notre liberté économique, c'est-à-dire de la capacité de notre continent à peser face aux grands empires américains ou chinois. Mais, du côté de l'offre, personne ou presque ne porte ce débat-là et, du côté de la demande, on voit que la liberté recèle une charge émotionnelle intense – en témoignent les réactions aux attentats de janvier 2015 – mais intermittente.

Ne restent alors que deux questions, l'égalité et l'identité, et elles sont aussi mal abordées par un camp que par l'autre.

Chaque camp est en effet largement hémiplégique. L'égalité a disparu totalement de la réflexion de la droite – cela n'a pas toujours été le cas. L'identité est un impensé de la gauche – elle redoute que ce débat crée une diversion et provoque sa division.

Les uns et les autres ont tort.

Ce n'est pas l'identité *ou* l'égalité.

C'est l'égalité *et* l'identité.

Il s'agit de deux problèmes réels et, surtout, de deux questions liées. Il n'y a pas d'égalité désirable sans identité partagée. Et, inversement, la solidarité sociale contribue à créer une identité nationale.

Mais il ne s'agit pas de deux enjeux qui doivent occuper la même place.

Je plaide pour que l'on privilégie l'égalité sur l'identité.

Nous n'en prenons pas le chemin et il faut donc réfléchir aux moyens d'infléchir le cours de l'histoire.

Il faut, d'abord, rechercher un consensus républicain sur la laïcité et sur l'immigration – la proposition peut surprendre, mais elle signerait le refus d'hystériser les questions d'identité et je ne pense pas que l'objectif soit inatteignable.

Il faut, ensuite, repenser le débat sur l'égalité et ne pas se contenter d'une vision seulement redistributrice – la responsabilité de la gauche dans cet enfermement est considérable. Quand les marges budgétaires sont faibles et que la sensibilité fiscale est forte, la « grande réforme fiscale » est en effet un mythe. Repenser l'égalité, cela veut dire débattre de ce qu'est une société juste, de la manière dont l'égalité doit s'articuler avec le soutien au mérite, au risque ou à la création. Repenser l'égalité, cela veut dire se concentrer sur d'autres outils que la fiscalité – l'école, la formation, le logement, la santé.

Il faut, enfin, reformuler le débat sur l'identité. Ne pas le réduire à un débat sur l'islam, comme c'est le cas, chaque jour davantage, depuis 2007 – et la responsabilité de Nicolas Sarkozy dans cette dérive est immense. Lui donner toute son ampleur en le réorientant sur l'essentiel – ce que Fernand Braudel avait appelé « l'identité de la France » : l'État, la souveraineté, la devise républicaine, la laïcité, l'universalisme…

Voilà l'objectif final.

Mais commençons par le début.

Réflexions sur la démocratie (1) Procédure

Dans l'esprit public, la définition la plus spontanée de la démocratie est d'abord procédurale : la démocratie, c'est l'élection.

Pour être pleinement démocratique, les manuels de droit constitutionnel enseignent que l'élection doit être dotée de quelques critères supplémentaires. Elle doit être « disputée » – c'est-à-dire que plusieurs candidats doivent s'opposer. Elle doit être « ouverte » – c'est-à-dire que le financement et le déroulement de la campagne comme l'organisation des opérations de vote doivent être équitables. Elle doit être « libre » – et ce critère-là est plus complexe qu'il n'y paraît.

Au regard de tous ces critères, la démocratie se porte bien dans notre pays.

Mieux, elle supporte souvent avantageusement la comparaison, y compris avec d'autres grandes démocraties. Je suis souvent frappé, à l'étranger, de voir des systèmes de financement des partis politiques et des campagnes électorales moins robustes que les nôtres, même si, on l'a vu en 2012 avec le financement de la campagne de Nicolas Sarkozy, notre système est lui aussi perfectible…

Pourtant, comme l'écrivait Friedrich Engels : « The proof of the pudding is in the eating » ; autrement dit : « La preuve que le pudding existe, c'est qu'on le mange. »

Le problème, c'est que, si le pudding, c'est la démocratie, et si la démocratie, c'est l'élection, on le mange de moins en moins.

À l'exception notable de l'élection présidentielle, qui continue de mobiliser les citoyens, l'abstention aux élections a ainsi connu une progression continue et spectaculaire – de quinze à vingt-cinq points selon les élections en l'espace de trente ans.

J'ai défendu et je continue de défendre l'instauration du vote obligatoire, considérant qu'il finirait par être fâcheux d'organiser des élections sans électeurs, que la République comporte des droits mais aussi des devoirs et, surtout, que le vote obligatoire obligerait les élus locaux à s'intéresser à tous les quartiers dont ils ont la responsabilité, et pas seulement à ceux où vivent leurs électeurs[1].

Je ne suis pas certain, pour user d'un euphémisme, du succès immédiat de cette proposition – qui, en tout état de cause, ne peut être qu'une partie d'un ensemble plus vaste.

1. Gilles Finchelstein, « Pour le vote obligatoire », Fondation Jean-Jaurès, Note n° 256, mars 2015.

Mais le problème de la démocratie, ce n'est pas seulement sa dimension procédurale : aucune force politique ne veut d'ailleurs la remettre en cause.

Le problème de la démocratie, c'est aussi sa dimension culturelle : de moins en moins de forces politiques défendent son esprit.

Réflexions sur la démocratie (2) Culture

La démocratie, c'est aussi, au-delà de la procédure, une culture.

Cette culture repose notamment sur une idée simple, exprimée par Winston Churchill, avec ce goût de la formule et du paradoxe qui le caractérisait : « La démocratie est le pire des systèmes, à l'exception de tous les autres. »

Dans le climat si particulier que connaît la France contemporaine, la Fondation Jean-Jaurès a voulu savoir si cette idée s'imposait encore comme une évidence. Nous avons demandé aux Français si le système démocratique était « irremplaçable » ou si d'autres systèmes pourraient être « aussi bons ». Résultat ? La seconde option est choisie par plus de 40 % des sympathisants du Front national – c'est considérable –, et par 10 %[1] de ceux qui ne le sont pas – ce n'est pas rien.

Si l'on ajoute qu'une autre enquête[2] a montré que 67 % des Français défendent la perspective d'un gouver-

1. « Fractures françaises », vague 3, Ipsos pour la Fondation Jean-Jaurès, *Le Monde* et Sciences Po, avril 2015.

2. IFOP pour Atlantico, octobre 2015.

nement de « techniciens » et 40 % d'un gouvernement « autoritaire », on mesure que l'idée de la démocratie reste une évidence, mais une évidence ébranlée.

Au-delà de l'idée, la culture de la démocratie repose sur quelques valeurs, elles aussi mises à mal – même si la violence verbale d'aujourd'hui n'égale pas celle des années trente ou des années soixante-dix.

La démocratie appelle la tolérance. Nos sociétés le sont de moins en moins – à fleur de peau, elles ressentent de plus en plus la différence de points de vue comme une agression.

La démocratie suppose le respect. Nos sociétés ne l'ont jamais autant revendiqué – c'est régulièrement le mot le plus plébiscité dans les enquêtes d'opinion. Mais si chacun considère ne pas être soi-même suffisamment respecté, personne ou presque ne pense qu'il ne respecte pas suffisamment les autres.

La démocratie exige du temps. Nos sociétés sont gagnées par l'urgence, par l'instant, par l'immédiat. À l'heure du trading à haute fréquence, des chaînes d'information en continu et des réseaux sociaux, la démocratie souffre de langueur et de lenteur.

La démocratie requiert le compromis. Nos sociétés y voient de plus en plus une compromission, un signe de faiblesse, un symbole de lâcheté.

Bref, la démocratie est en crise.

Réflexions sur la démocratie (3) Crise

La crise de la démocratie est naturelle : il est illusoire de penser qu'elle puisse être miraculeusement immunisée face aux profondes mutations dont nous sommes les contemporains.

En schématisant à l'excès, je voudrais distinguer deux dimensions de cette crise.

La première, c'est une difficulté à représenter.

Si la démocratie, c'est l'élection, l'élection, c'est largement la représentation. Or, les citoyens n'ont guère envie d'être représentés et n'ont guère d'estime pour leurs représentants – ils les jugent à la fois peu représentatifs de ce qu'ils sont et peut-être moins encore de ce qu'ils pensent. Cette crise de la représentation se cristallise dans les sentiments qu'éprouvent les Français lorsqu'ils pensent à la politique – 90 % répondent soit de la méfiance, soit du dégoût, soit de l'ennui, soit du désintérêt[1] ; un chiffre spectaculaire qu'il faut toujours garder en tête.

1. « Baromètre de la confiance politique », vague 6 bis, OpinionWay pour le Cevipof, février 2015.

Dans une société moderne, éduquée et connectée, l'idée même de représentation ne peut rester immuable.

Dans des démocraties occidentales dont le système institue une majorité et une opposition, le sentiment que ses idées ne sont pas correctement représentées ne peut que prospérer – l'opposition est par construction exclue du pouvoir et les majorités s'appuient de plus en plus sur des socles étroits.

Cette crise-là est donc largement structurelle – même si elle appelle des réponses urgentes.

La seconde dimension, celle dont je considère qu'elle est la plus neuve, la plus complexe et peut-être la plus sérieuse, c'est que la démocratie a de plus en plus de mal à donner une forme compréhensible au débat public.

Nos sociétés sont en effet traversées par de multiples débats, constituées d'innombrables clivages, tentées par mille et une divisions.

Aujourd'hui, ces débats, ces clivages, ces divisions se mêlent et s'entremêlent jusqu'à rendre le débat public illisible et inintelligible.

La démocratie doit donner une forme à la vie publique, c'est-à-dire simplifier suffisamment pour que chacun puisse, au moins en partie, se sentir intégré aux débats, aux clivages et aux divisions.

On pourrait dire que la démocratie ne doit pas seulement représenter, mais aussi se représenter, et qu'elle n'y parvient plus parce que les clivages sont en crise.

Réflexions sur la démocratie (4) Clivage

Il y a bien des différences entre les régimes totalitaires et les régimes démocratiques. La plus fondamentale, peut-être, porte sur la relation qu'ils entretiennent avec la division, la diversité, la divergence.

Dans un régime totalitaire, l'unité est postulée. Elle est indiscutable et indépassable – tous derrière un chef, un régime, une nation, une Idée… que sais-je encore. Dans un régime démocratique, la diversité est assumée, reconnue et légitimée. Là, l'unité est une donnée qui se constate ; ici, c'est un objectif qui se construit. Là, tout clivage est interdit – perçu comme une menace – ; ici, un clivage est structurant – conçu comme un préalable au rassemblement.

Diviser pour rassembler, tel est le mystère, et même le miracle, du régime démocratique.

« Les démocraties modernes se vouent à la tâche paradoxale et périlleuse de tisser leur unité de leurs divisions[1] », a ainsi pu écrire Alain Caillé.

1. Alain Caillé, « Droite ? Gauche ? », *Revue du MAUSS*, n° 13, 1991.

Voilà pourquoi le clivage est consubstantiel à la démocratie.

L'étymologie du mot illustre d'ailleurs bien l'idée. Il vient du néerlandais *klieven* et fut d'abord utilisé par les diamantaires – il désignait l'action de fendre un diamant pour le dégrossir.

Deux conclusions peuvent être utilement tirées de cette étymologie.

D'une part, le clivage est toujours une construction, c'est-à-dire une opération intellectuelle. Le clivage entre la « gauche » et la « droite » ou entre le « peuple » et les « élites » est une opération intellectuelle. Et même lorsque le clivage prend appui sur des éléments apparemment objectifs – comme l'âge, le niveau de revenu, le type de territoire dans lequel on vit –, il faut tracer arbitrairement des frontières pour déterminer qui est « jeune » et qui est « vieux », qui est « riche » et qui est « pauvre », ce qu'est un « urbain » et un « rural », et donc, nécessairement, simplifier une réalité plus complexe.

D'autre part, dans nos sociétés occidentales, le clivage est toujours binaire. Il est frappant de constater, comme le fait Norberto Bobbio, qu'il « n'existe pas de discipline qui ne soit dominée par une quelconque “dyade” couvrant l'ensemble de son champ : en sociologie, société-communauté ; en économie, plan-marché ; en droit, privé-public ; en esthétique, classique-romantique ; en philosophie, transcendance-immanence[1] ».

En politique, ce clivage, c'est « gauche-droite ».

Et c'est ce clivage qui est en crise.

---

1. Norberto Bobbio, *Destra e sinistra* (« Droite et gauche »), Donzelli, 2014 (réédition).

PREMIÈRE PARTIE

Gauche-droite

Je chéris le clivage gauche-droite.

Il faut y voir sans doute, au moins pour partie, un réflexe.

Je suis de gauche. Je suis allé à ma première manifestation politique dès l'âge de neuf ans – pour l'enterrement d'un militant maoïste, Pierre Overney, assassiné par un vigile devant les usines Renault – ce jour de février 1972 qui symbolisait aussi, mais on ne le sut que plus tard, l'enterrement de l'extrême gauche elle-même. À dix-huit ans, je me trouvais sur la place de la Bastille, le 10 mai 1981. J'ai travaillé durablement avec Pierre Mauroy et Dominique Strauss-Kahn, régulièrement avec Pierre Moscovici, épisodiquement avec Lionel Jospin, François Hollande – et beaucoup d'autres. J'ai la chance, en dirigeant la Fondation Jean-Jaurès, de consacrer une partie de ma vie professionnelle au service de mes convictions personnelles.

Je suis de gauche et chaque camp entretient – ou a entretenu – un rapport différent au clivage gauche-droite. La gauche l'absolutise, la droite le relativise. L'une le revendique, l'autre le conteste. Celle-là porte son étiquette comme un glorieux étendard, celle-ci cherche à la dissimuler comme une tache embarrassante. Le philosophe Alain, dans une de ses citations célèbres, exprimait la même idée : « Lorsqu'on me demande si la coupure entre partis de droite et partis de gauche, hommes de droite et hommes de gauche, a encore un sens, la première idée qui me vient est que l'homme qui pose cette question n'est certainement pas un homme de gauche[1]. » Marc Sadoun et Jean-Marie Donegani ont montré comment la droite, refusant longtemps de se nommer de droite, s'est « essayée un temps à la couleur (le bleu contre le rouge), aux valeurs (l'ordre contre le désordre), à la temporalité (la conservation contre la révolution)[2] ».

Mais, si je suis attaché au clivage gauche-droite, il y a aussi, derrière le réflexe, une réflexion.

Je chéris le clivage gauche-droite parce que c'est un clivage de liberté.

Il n'emporte aucune assignation sociologique. La conviction seule détermine le choix. Ce n'est pas la situation qui le dicte – et qui impose trop souvent de voter ici en fonction de sa religion, là de sa région, ailleurs de sa communauté.

Il n'emporte de la même manière aucune assignation morale. Chaque camp peut être désiré ou désirable.

1. Alain, *Propos*, Gallimard, 1930.

2. Marc Sadoun et Jean-Marie Donegani, « Les droites au miroir des gauches », in *Histoire des droites en France*, sous la direction de Jean-François Sirinelli, tome 3, Gallimard, 1992, p. 759-760.

Tout, encore une fois, est affaire de conviction. Il ne s'agit pas d'un affrontement entre le vrai et le faux ou entre le bien et le mal – même si chaque camp peut avoir le sentiment d'incarner le vrai et le bien.

Le clivage gauche-droite, au surplus, est un clivage de liberté parce qu'il ne fige rien : démocratie, religion, social, ses points d'appui se renouvellent au gré des mutations du monde et des changements des mentalités. C'est, d'une certaine manière, le clivage des temps heureux des démocraties européennes bien réglées.

Mais il faut affronter le réel avec lucidité. Je l'écris à regret : le clivage gauche-droite aurait besoin d'un nouveau souffle et, faute de le trouver, il est aujourd'hui menacé d'épuisement. L'acte de décès a déjà été dressé mille fois depuis le début du XXe siècle – moment où le clivage s'est installé au cœur de la vie publique – ou même depuis 1962 – quand la Ve République l'a institutionnalisé avec l'élection du président de la République au suffrage universel direct à deux tours. Je le mesure. Aussi, pour convaincre ceux qui ne sont pas convaincus, je propose l'exercice suivant. Regardons ce qu'était l'état du clivage gauche-droite en 1980 – date à laquelle le clivage est peut-être historiquement le plus saillant sous la Ve République. Déroulons le film de la période 1980-2015 pour prendre le pouls de l'évolution du clivage. Et observons, terme à terme, la situation en 2015 pour tenter de mesurer ce qui demeure et ce qui n'est plus.

1

1980

Si l'on se replonge en 1980, la première chose qui frappe, c'est que le clivage gauche-droite est remis en cause. Déjà, il est jugé daté ; déjà, il est estimé affadi ; déjà, le passé est nostalgie et l'on entonne le grand air du « c'était mieux avant ». Trois exemples, parmi tant d'autres. Guy Rossi-Landi, en 1978 : « Ces notions apparaissent comme diverses, aléatoires, insuffisantes et dépassées[1] ». Alain-Gérard Slama, en 1980. L'incipit de son essai : « La gauche et la droite se meurent, paraît-il. » Sa thèse : « Les choix ne s'exercent plus entre des projets nettement exposés et opposés, mais entre des commentaires, des analyses secondes, des bilans de gestion et, en fin de compte, des prétendants[2]. » Edgar Morin, en 1981 : ces « maîtres mots » sont « de plus en plus des mots mystères (que l'on

1. Guy Rossi-Landi, *La droite et la gauche en France de 1789 à nos jours*, Jean-Claude Lattès, 1978, p. 191.

2. Alain-Gérard Slama, *Les Chasseurs d'absolu. Genèse de la gauche et de la droite*, Hachette, 1994.

croit explicatifs alors que ce sont eux qui devraient être expliqués)[1] ».

Et pourtant, si l'on pouvait dater au carbone 14 les clivages comme les pierres, je crois que 1980 serait considéré comme l'âge d'or du clivage gauche-droite.

1980, comme une année.

1980, comme une époque.

1980, l'époque où le clivage gauche-droite couvre un champ infini.

La France, entend-on souvent, est un pays politique et les Français un peuple querelleur. La querelle est partout et le consensus nulle part – ou presque. L'éloignement de la gauche du pouvoir depuis plus de deux décennies comme le durcissement de la droite durant la seconde moitié du septennat giscardien expliquent sans doute cette situation. Un consensus ne peut être qu'un ralliement, et un ralliement, une trahison. Ainsi, même les questions internationales ou les questions de défense sont âprement disputées – le reste, n'en parlons pas. Non seulement le clivage gauche-droite s'étend dans tous les recoins de la politique, mais, mieux, la politique investit au-delà encore les moindres plis et replis de nos vies. L'entreprise, évidemment. La réflexion intellectuelle,

1. Edgar Morin, *Pour sortir du XXe siècle*, Seuil, collection « Points », 1981, p. 54.

assurément. Mais aussi la vie artistique : nul acteur, nul romancier, nul chanteur, nul architecte ne saurait éviter de se situer par rapport au clivage gauche-droite et, nécessairement, de choisir son camp – nul ne peut alors aimer à la fois Montand et Sardou. Les lieux de loisir ou les goûts culinaires eux-mêmes sont marqués politiquement. Je me souviens ainsi d'un de ces tests que *Le Nouvel Observateur* proposait à ces lecteurs durant l'été. La question était simple : « Êtes-vous de gauche ou de droite ? » Les questions se déployaient jusqu'au choix fatidique : « Camembert ou reblochon ? » Je ne sais plus lequel de ces deux fromages était de gauche, mais l'anecdote est symptomatique ; elle dit une époque aussi sûrement qu'une thèse. Au même moment d'ailleurs, l'Italien Giorgio Gaber faisait un succès. Le titre de sa chanson : « Droite-gauche ». Ses paroles : « Prendre un bain dans une baignoire est de droite, prendre une douche est au contraire de gauche »…

1980, ou l'époque où le clivage gauche-droite structure une opposition radicale.

Lorsqu'on analyse rétrospectivement leur nature, on voit que les affrontements opposent deux visions radicalement différentes – auxquelles chacun, selon son tempérament, sa culture, ses convictions, ses intérêts, peut adhérer. Ce sont deux visions de l'homme qui s'opposent autour du débat sur la peine de mort. Deux visions de l'économie autour des nationalisations – ce que, dans le jargon marxiste de l'époque, on appelait l'« appropriation collective des moyens de production et d'échange ». Deux visions de l'État autour du débat sur la décentralisation. Deux visions de l'école autour du projet de constitution d'un « grand service public de l'éducation nationale » – le « Spulen ». Résumons et simplifions davantage encore. Économie de marché ou économie planifiée ? État centralisé ou décentralisé ? École privée ou école publique ? En ces temps, l'affrontement se concentrait davantage sur le dessin d'ensemble que sur la finesse du trait ; sur les structures davantage que sur les mesures.

Ce faisant, le clivage gauche-droite avait une grande lisibilité pour tous les citoyens – d'autant plus que tous les concepts utilisés dans le débat public étaient alignés. La gauche et la droite. Les progressistes et les conservateurs. Les partisans du mouvement et ceux de l'ordre. Et chacune de ces antinomies entrait naturellement en résonance avec les autres – gauche, progrès, mouvement, tout cela était synonyme.

1980, ou l'époque où le clivage est jugé pertinent par les citoyens.

Il y a deux manières d'interroger les citoyens sur la perception qu'ils se font du clivage gauche-droite.

La première porte sur leur positionnement personnel : se considèrent-ils de gauche ou de droite – et selon quelle intensité ? À l'inverse, récusent-ils cette classification en adoptant une position centrale ou en refusant de répondre ?

La seconde manière d'interroger les citoyens sur le clivage gauche-droite porte sur sa validité non plus pour eux-mêmes, mais comme grille de lecture de la vie publique. Est-il pertinent ? Est-il dépassé ?

La première manière concerne l'existence du clivage ; la seconde, sa lisibilité. Ou, pour user d'une autre image, la première permet de mesurer les « pratiquants » ; la seconde, les « croyants ».

En 1980, quelle que soit la question posée, les Français répondent dans le même sens. Ils se classent massivement sur une échelle gauche-droite. Ils rejettent massivement l'idée que le clivage est dépassé – 30 % seulement en sont convaincus.

Cette perception du clivage n'est pas sans traduction électorale.

1980, ou l'époque où les électeurs sont fidèles. Lorsque l'on analyse les comportements électoraux, cette période est marquée, pour l'essentiel, par la continuité. D'élection en élection, les électeurs reproduisent le même vote et, davantage encore, sont fidèles à leur camp. Parti communiste, Parti socialiste, Union pour la démocratie française, Rassemblement pour la République, ces quatre grands partis ont un poids relativement équivalent – « quadrille bipolaire[1] », a lancé Maurice Duverger, dans une jolie trouvaille, pour décrire le système politique d'alors.

1. Maurice Duverger, *Le Système politique français*, Presses universitaires de France, 1996.

Cela ne signifie pas qu'il n'y ait eu aucun mouvement. Évidemment ! Sinon, le Parti socialiste n'aurait pas devancé pour la première fois le Parti communiste aux élections législatives de 1978 et François Mitterrand n'aurait pas emporté l'élection présidentielle de 1981. Il y avait du mouvement au sein de la gauche et même du mouvement de la droite vers la gauche.

Mais les comportements électoraux d'alors étaient marqués par leur plus grande prévisibilité et leur plus grande stabilité. Leur prévisibilité ? « Dis-moi qui tu es, ce que tu fais, pour qui votent tes parents ; je te dirai pour qui tu as voté, pour qui tu votes et pour qui tu voteras » – telle était peu ou prou la situation. François Mitterrand l'a dit à sa manière dans la courte déclaration de cet historique 21 mai 1981 où il prit ses fonctions : « La majorité politique des Français démocratiquement exprimée vient de s'identifier à sa majorité sociale. » Leur stabilité ? Les mouvements, et notamment le passage de la frontière droite-gauche, ne touchaient qu'une petite partie des électeurs ; ces voyages étaient des allers sans retour.

1980, ou l'époque où la frontière est infranchissable.

Je ne pense plus ici aux électeurs, mais aux élus. La situation singulière créée à la fin des années cinquante par la guerre d'Algérie, le retour du général de Gaulle et les débuts de la Ve République ont provoqué des reclassements et des rapprochements. Mais, bien vite – et, paradoxe savoureux de l'histoire pour les gaullistes, l'élection du président de la République au suffrage universel direct y est pour beaucoup –, deux camps se constituent, s'observent, s'affrontent, et la frontière est hérissée de herses et de piques.

Valéry Giscard d'Estaing veut placer son élection et son mandat sous le signe de la modernité, du changement, de la « décrispation », selon la formule qu'il utilise souvent lors de la campagne présidentielle de 1974, et rompre avec une vie politique « inutilement artificielle » – mais les transfuges sont rarissimes. En cherchant bien, on peut y classer Françoise Giroud, qui fait le chemin de gauche à droite et accepte d'entrer au gouvernement en 1974 comme secrétaire d'État chargée de la Condition féminine – mais elle était journaliste et non élue. Et, empruntant le chemin inverse, on peut repérer quelques « chrétiens » qui rejoignent le Parti socialiste lors des Assises de 1974, ou Michel Jobert, ancien ministre des Affaires étrangères de Georges Pompidou, qui appelle à voter pour François Mitterrand en 1981 – mais il s'agit de mouvements exceptionnels concernant des personnalités symboliques mais marginales.

Pis encore, même les échanges entre les deux camps sont réduits à la portion congrue. L'opposition ne dispose d'aucun droit au Parlement : l'instauration en 1974 des questions d'actualité et l'ouverture la même année de la saisine du Conseil constitutionnel à 60 députés ou 60 sénateurs resteront les seules avancées notables. Dans les médias, les débats entre la majorité et l'opposition sont suffisamment rares pour en devenir des événements.

Je résume : du côté des idées, le clivage gauche-droite couvre un champ infini et structure une opposition radicale ; du côté des électeurs, il est jugé pertinent et suscite de la fidélité ; du côté des élus, il représente une frontière infranchissable.

1980, ou l'âge d'or du clivage gauche-droite.

2

1980-2015

En trois grosses décennies, nous avons vécu ce que quelques rares générations seulement vivent réellement : des mutations radicales, accélérées, irréversibles, et qui touchent à peu près tous les domaines.

Dans tous les pays européens, ces mutations ont affecté profondément les politiques publiques et les représentations politiques. En France, elles se sont traduites par un triple mouvement : le clivage gauche-droite a été à la fois relativisé, lézardé et transcendé.

Le clivage relativisé

Sous la IVe République, la France a eu pour singularité d'être une démocratie sans gouvernement – ou, plutôt, avec tant de gouvernements qu'elle n'en avait en réalité aucun. Puis, de 1958 à 1981, elle a été peut-être la seule démocratie sans alternance – elle avait un gouvernement, mais qui était toujours de droite. Il y avait donc d'un côté la droite réelle, celle qui gouverne, celle qui agit et, d'un autre côté, la gauche rêvée, celle qui conteste, celle qui cultive la mémoire d'incursions au pouvoir aussi fugaces que fulgurantes. Le clivage gauche-droite devenait ainsi une sorte d'absolu. Et puis trois séries d'événements politiques se sont conjuguées, qui ont conduit à relativiser le clivage gauche-droite.

La première série d'événements, c'est l'alternance.

Par son existence même, elle a amené la gauche à se confronter au réel – et le réel est un adversaire coriace avec lequel il a fallu composer et parfois transiger. Fermer les puits de mine, parce qu'ils n'étaient plus compétitifs. Bloquer les prix et les salaires, parce qu'il fallait terrasser l'inflation. Renoncer au grand service public unifié de l'éducation, parce qu'un million de manifestants défilant à Versailles s'y opposent. Voilà quelques exemples concrets – et qui ne concernent que le premier gouvernement du premier mandat de François Mitterrand, celui qui, par ailleurs, a accompli les grandes réformes.

Mais au-delà de sa simple existence, l'alternance avait aussi sa récurrence : là encore, la France a cultivé sa singularité. Après avoir ignoré l'alternance, elle l'a pratiquée à chaque fois qu'il lui a été possible de le faire – tous les cinq ans, parfois tous les deux ans – ; entre la gauche et la droite, parfois à l'intérieur de la droite. Là encore, aucun autre pays n'a connu une telle ivresse dans la révocation systématique du pouvoir en place. Et cela a contribué également à relativiser le clivage gauche-droite. En effet, l'opposition, par nature, s'oppose à la politique de la majorité. Elle promet changement, rupture, abrogation. Mais, arrivée au pouvoir, elle ne peut seulement défaire. La droite comme la gauche n'ont ainsi pas défait des réformes qu'elles avaient combattues. La droite n'est pas revenue sur la cinquième semaine de congés payés, les lois Auroux, le PACS ou les 35 heures. La gauche n'a pas davantage remis en cause les privatisations de 1986, la suppression de l'autorisation administrative de licenciement, les franchises médicales ou les différentes réformes des retraites. Chaque camp a dû s'accommoder de ce qui avait été fait, donnant ainsi à ses électeurs le sentiment que la différence entre les deux bords n'était pas si grande.

La deuxième série d'événements, c'est la cohabitation, qui est, là encore, une singularité française. Les démocraties parlementaires européennes connaissent parfois des gouvernements de coalition – on l'a vu au Royaume-Uni avec la coalition conservateurs/libéraux-démocrates ou en Allemagne avec la grande coalition démocrates-chrétiens/sociaux-démocrates. Le régime présidentiel américain connaît souvent une coexistence d'un président et d'un Congrès de couleur opposée – on le voit encore avec Barack Obama, qui doit affronter depuis 2010 une Chambre des représentants et, depuis 2014, un Sénat républicains. La situation française est différente. Il ne s'agit pas d'une coalition gouvernementale ni d'une coexistence entre le pouvoir exécutif et le pouvoir législatif. Il s'agit d'une opposition au sein même, et au cœur même, du pouvoir exécutif. Le pouvoir est alors pour partie transféré vers le Premier ministre et pour partie partagé entre le président de la République et le Premier ministre. Pour le clivage gauche-droite, cela implique deux conséquences. D'une part, le président donne une impression d'impuissance et doit avaliser imperturbablement des réformes auxquelles il est opposé. D'autre part, et le président et le Premier ministre doivent trouver des compromis non seulement sur la politique internationale et sur la politique de défense, mais également sur la politique européenne puisque c'est le président de la République qui représente la France au Conseil européen. Le Conseil européen de 1987 à Bruxelles en demeure l'illustration la plus chimiquement pure. Après que François Mitterrand a fustigé un journaliste pour avoir posé une question à Jacques Chirac – « il n'y a pas deux conférences de presse » –, Jacques Chirac lui-même avait fini par ajouter : « D'ailleurs, il n'y a pas deux avis différents sur des problèmes de cette nature. »

Fallait-il accepter la cohabitation ? Le débat, lancé par Raymond Barre en 1983, n'a alors porté que sur la dimension institutionnelle – le paradoxe étant que l'ancien Premier ministre, membre de l'UDF, s'érigeait en gardien d'une vision gaullienne des institutions contre le RPR. Le débat n'a en revanche à aucun moment porté sur une éventuelle irréductibilité des différences entre la gauche et la droite pour récuser la cohabitation.

Pendant seize ans – ce qui n'est pas rien –, la cohabitation est devenue non pas un état exceptionnel, mais le régime normal – celui qui s'est imposé plus de la moitié du temps entre 1986 et 2002. Depuis lors, l'adoption du quinquennat a réduit les risques de cohabitation – en faisant coïncider la durée des mandats présidentiel et législatif, en postulant que les élections se feraient au même moment, en inversant le calendrier électoral, en pariant sur la cohérence des électeurs…

Il n'en demeure pas moins que les trois épisodes de cohabitation que la France a vécus ont eu une portée symbolique – la divergence entre la gauche et la droite n'est pas irréductible – et une portée politique – le champ de l'opposition entre la gauche et la droite n'est pas infini, puisque des compromis entre les deux camps peuvent être trouvés.

Alternances, cohabitations, la dernière série d'événements qui a contribué à relativiser le clivage gauche-droite, c'est ce que l'on a appelé l'« ouverture » : le déplacement de la frontière par recomposition politique ou son dépassement par débauchage individuel.

Lorsque l'on analyse à cette aune la période 1980-2015, ce qui est frappant, c'est que l'élection présidentielle s'est prolongée par deux situations diamétralement opposées. Soit le président n'a pas même ouvert le gouvernement à la totalité de la majorité présidentielle – en excluant les balladuriens en 1995, la gauche en 2002 ou François Bayrou en 2012. Soit, à l'inverse, le président a ouvert au-delà de la majorité présidentielle – tel a été le cas aussi bien en 1988 qu'en 2007.

Les ouvertures de François Mitterrand et de Nicolas Sarkozy ont eu trois différences majeures. L'une était au cœur de la campagne présidentielle – « la France unie » –, l'autre n'était qu'à ses marges. L'une était massive – la moitié du gouvernement composée de « non-socialistes » – ; l'autre était homéopathique – trois ministres, deux secrétaires d'État et un « haut commissaire ». L'une a duré la totalité de la législature – même si c'était par la force des choses, faute de majorité parlementaire – ; l'autre n'a été qu'un spectaculaire feu de paille.

Mais, s'agissant de leur forme et de leurs effets sur le clivage gauche-droite, ce sont surtout les similitudes qui l'emportent. En 1988 comme en 2007, il ne s'est pas agi d'un accord politique avec un parti, mais de débauchages individuels – la frontière se traverse, mais ne se déplace pas. En 1988 comme en 2012, les partis majoritaires regimbent[1] tout autant que l'opinion exulte. En 1988 comme en 2012, les citoyens constatent que la frontière entre la gauche et la droite est poreuse et que soit les divergences politiques sont limitées, soit les ambitions personnelles sont démesurées – quand ils ne pensent pas que les deux raisons se cumulent pour expliquer ces ralliements…

1. Surtout les partis vainqueurs, comme le formulera Patrick Devedjian à la suite de l'élection de Nicolas Sarkozy en 2007 : « Je suis pour un gouvernement d'ouverture, y compris aux sarkozystes, c'est tout dire. »

Le clivage lézardé

Parallèlement, ces trois grosses décennies ont vu le clivage gauche-droite se lézarder et l'image architecturale est parlante. Le mur était propre et lisse. Il a perdu de sa pureté et de sa solidité.

La première lézarde est idéologique. Elle trouve son origine dans la chute du mur de Berlin et de ce qui s'en est suivi, c'est-à-dire l'affaissement sur lui-même du communisme. Il ne s'agit pas seulement d'un événement historique majeur – l'un de ceux qui ont marqué ma génération de sociaux-démocrates qui s'était battue contre le totalitarisme soviétique. Il s'agit aussi d'une rupture idéologique profonde : l'idée communiste, qui avait aimanté une grande partie du XXe siècle, a été engloutie. Avec elle, la gauche a perdu quelque chose. Le phénomène est sans doute étrange, tant communistes et socialistes avaient assumé des divergences profondes et s'étaient parfois affrontés jusqu'au sang. Mais le phénomène n'en est pas moins réel – le communisme a entraîné avec lui la légitimité même de penser un autre monde ; le risque de cauchemar a interdit la possibilité même du rêve. Ainsi, partout en Europe, la thèse de Francis Fukuyama selon laquelle la « démocratie de marché » marquait désormais la « fin de l'Histoire[1] » a progressé au fur et à mesure que le clivage gauche-droite a reculé.

1. Francis Fukuyama, *La Fin de l'Histoire et le Dernier Homme*, Flammarion, 1992.

La deuxième lézarde est électorale. Lorsque l'on observe l'évolution du paysage politique français à l'aune du clivage gauche-droite, on constate deux mouvements contradictoires.

D'un côté, et peut-être paradoxalement, le clivage a été consolidé. La droite, en abandonnant le pouvoir et en étant de ce fait contrainte de se poser pour s'opposer, a accepté de se revendiquer « de droite[1] ». Les écologistes, après avoir caressé l'illusion de voir leur cause restructurer le champ politique et leur parti se tenir ainsi à équidistance de chaque camp, ont fini par choisir la gauche – même si, en Allemagne, les Grünen se sont localement alliés avec les conservateurs ; même si, en France, il reste une écologie de droite à l'état de trace ; même si, enfin, l'écologie de gauche oscille entre « réalistes » et « radicaux ».

D'un autre côté, et plus profondément, le clivage gauche-droite a été contesté par l'essor de deux forces politiques qui ont pour point commun de le récuser.

Que s'est-il passé ?

Le centre s'est autonomisé. L'histoire du centre, sous la Ve République, avait été celle d'une aspiration progressive par la droite. Dans un système dont l'élec-

1. Nicolas Sarkozy, *Libre*, Robert Laffont, 2001. Il appelle dans ce livre la droite à « cesser de s'excuser de défendre les idées qui ont toujours été les siennes » (p. 187).

tion du président de la République au suffrage universel direct à deux tours favorise la bipolarisation, le centre était plus que jamais un point davantage qu'un espace. Ou, pour le dire autrement, le centre tombait toujours du côté où penchaient ses intérêts et ses électeurs, c'est-à-dire à droite. Et puis l'UDF a explosé – une grosse partie a rallié l'aventure de l'UMP, censée être le « parti de la droite et du centre ». Et puis une petite partie s'est engagée dans l'aventure du Modem. Un centre autonome est né. Il a prospéré électoralement : François Bayrou a culminé à 18,6 % lors de l'élection présidentielle de 2007, après avoir même rêvé de restructurer autour de lui tout le champ politique. Ce centre a voulu rassembler à gauche et à droite. Il a défendu des idées de gauche, notamment sur la critique de l'exercice du pouvoir par Nicolas Sarkozy[1], qu'il dénonce comme « la plus impressionnante confiscation tentée depuis des décennies », et des idées ultra-orthodoxes, comme l'objectif d'un déficit zéro pour 2015. Il a noué des alliances locales à géométrie variable – par exemple, lors des municipales de 2008, avec Martine Aubry à Lille et Alain Juppé à Bordeaux. Il a même appelé à voter pour François Hollande en 2012. On peut penser que cette construction ne sera qu'éphémère et que le centre va une nouvelle fois se faire aspirer par la droite. Ou, à l'inverse, qu'il va basculer à gauche dans une nouvelle alliance. L'essentiel, pour cette période, c'est que l'émergence

1. François Bayrou, *Abus de pouvoir*, Plon, 2007.

d'un centre autonome a contribué à la contestation du clivage gauche-droite.

Tel est également le cas du second phénomène majeur : la progression régulière du Front national. En 1981, Jean-Marie Le Pen n'avait pas même pu être candidat – faute d'avoir recueilli le nombre de parrainages suffisant et sans que nul ne s'en émeuve tant l'extrême droite était marginalisée. En 1988 et en 1995, il tangentait les 15 %. En 2002 et en 2012, le père[1] puis la fille Le Pen tournaient autour de 18 %. En 2015, le Front national arrivait en tête du premier tour des élections régionales avec près de 28 %. Au-delà de la question de savoir si c'est la réalité ou la perception du Front national qui a changé, un invariant idéologique domine : fidèle à sa tradition, le Front national récuse le clivage gauche-droite, assimile la droite et la gauche au même « système UMPS » et va jusqu'à refuser désormais l'étiquette d'« extrême droite ».

Il ne s'agit évidemment pas d'assimiler l'émergence du centre et de l'extrême droite. L'un se veut et de gauche et de droite ; l'autre ni de gauche ni de droite. L'un s'est construit pour l'Europe dans un fédéralisme enthousiaste ; l'autre contre l'Europe dans un nationalisme rance. L'un s'inscrit dans la devise de la République ; l'autre propose de « distinguer entre les

1. Si l'on y ajoute les 2,34 % de Bruno Mégret en 2002, l'extrême droite dépassait même les 19 %.

religions[1] » et d'instaurer une « préférence nationale ». Mais le centre et l'extrême droite ont pour point commun de ne pas s'inscrire dans le clivage gauche-droite. Si l'on assume l'arbitraire de classer les forces politiques en fonction de leur acceptation ou de leur refus de ce clivage, le résultat est spectaculaire : les candidats qui s'inscrivaient dans le clivage gauche-droite représentaient 100 % des électeurs en 1981 et moins de 70 % en 2002.

La troisième lézarde concerne les politiques publiques.

L'écologie, un court laps de temps, au tournant des années 1990, a pu espérer être la question autour de laquelle tout le champ politique allait se restructurer avec un slogan simple : « ni droite, ni gauche – demain ». Mais c'est la construction européenne qui, dans la durée, est venue profondément perturber le clivage gauche-droite. D'autres questions, qu'il s'agisse de la politique internationale ou de la politique de défense, pourraient illustrer la continuité de la politique de la France au-delà des alternances. D'autres moments ont pu, dès les débuts de la construction européenne, diviser chaque camp : c'est de Gaulle moquant « les cabris » centristes en 1965 ; c'est François Mitterrand mettant sa démission dans la balance, contre les siens, lors du congrès de Bagnolet en 1973 ; c'est Jacques Chirac fustigeant Valéry

1. Marine Le Pen le déclare dans un entretien à *Familles chrétiennes* le 18 avril 2012.

Giscard d'Estaing et « le parti de l'étranger » en 1978, dans ce que l'on a appelé l'« appel de Cochin » – la liste n'est pas exhaustive. Mais aucune question ni aucun moment autre que la construction européenne depuis 1980 n'a produit des effets aussi profonds sur le clivage gauche-droite. Il est vrai que, avant 1980, l'Europe était une grande idée mais une petite chose. Depuis lors, des changements radicaux ont été accomplis – marché unique pour les personnes, les capitaux, les biens et les services ; disparition des frontières intérieures ; grandes négociations commerciales internationales ; adoption d'une monnaie unique avec une Banque centrale indépendante ; coordination des politiques budgétaires autour de critères quantitatifs ; élargissements multiples faisant passer l'Europe de six à vingt-huit États membres ; édification d'une Union bancaire et de mécanismes de solidarité financière…

Plus qu'ailleurs, ces changements ont eu pour effet d'interroger une certaine conception de la République – qui elle-même traversait la gauche et la droite. Ce qui a été en jeu : rien de moins que la souveraineté. Ou, pour être plus précis, des appréciations divergentes sur ce qu'est la souveraineté dans la mondialisation : pour les uns, la mise en commun de la souveraineté constituait l'espoir de la retrouver ; pour les autres, tout transfert de souveraineté constituait la certitude de la perdre à jamais. Une partie de la gauche voyait dans la construction européenne le renoncement à la politique. C'était, pour reprendre la formule de

Jean-Paul Fitoussi, le primat de la « règle » sur le « choix[1] » ; ou du compromis social-démocrate sur le panache socialiste. Une partie de la droite voyait dans la construction européenne l'abandon de la nation et de ses attributs ontologiques : la monnaie comme la frontière.

Tout s'est noué autour de trois moments.

Le premier a été le tournant économique de 1982-1983. Le moment a été décisif mais pas fondateur. Car le peuple n'a pas été appelé à trancher ; le Parti communiste est resté au gouvernement ; Jean-Pierre Chevènement l'a quitté, mais pour y revenir un an plus tard. Et, si les milieux populaires ont regimbé, près des deux tiers des ouvriers ont voté à nouveau massivement en faveur de François Mitterrand une poignée d'années plus tard.

Le deuxième moment a été le référendum sur le traité de Maastricht en 1992. Une partie de la droite et de la gauche a symboliquement fait tréteaux communs pour appeler à voter « oui » – cela n'était pas arrivé depuis plusieurs décennies. La gauche s'est divisée en son sommet – peu à l'intérieur même du Parti socialiste, tant l'*imperium* de François Mitterrand était fort, mais beaucoup entre le Parti communiste et le Parti socialiste ou entre le Parti socialiste et Jean-Pierre

1. Jean-Paul Fitoussi, *La Règle et le Choix*, Seuil, coll. « La République des idées », 2002.

Chevènement[1]. La droite s'est divisée en son sommet – 1992 marque l'acte de naissance du tandem Pasqua-Séguin contre Jacques Chirac[2] –, mais aussi sur sa base – lors du référendum sur le traité de Maastricht, l'électorat RPR s'est partagé à un tiers pour le « oui » et deux tiers pour le « non ».

Le troisième moment a été le référendum sur le Traité constitutionnel européen de 2005. Comme en 1992, la droite s'est divisée : 80 % de l'électorat UMP a voté « oui » (à l'UMP, seul Nicolas Dupont-Aignan avait appelé au vote « non »), tandis que 75 % de celui du Mouvement pour la France (mouvement créé par Philippe de Villiers en 1994) et 93 % de celui du Front national optaient pour le « non »[3]. Mais, à l'inverse de 1992, c'est la gauche qui s'est le plus profondément et le plus durablement déchirée. Parce qu'un référendum interne au Parti socialiste a été organisé – cristallisant ainsi les positions de chaque dirigeant et de chaque militant. Parce que, lors du référendum national, une partie des vaincus de ce référendum interne, notamment Laurent Fabius, s'est affranchie du choix majoritaire et que les sympathisants socialistes se

1. Jean-Pierre Chevènement quittera formellement le Parti socialiste un an plus tard.

2. Le tandem Pasqua-Séguin fera vaciller le leadership de Jacques Chirac lors des Assises nationales du RPR en 1990. Par la suite, Charles Pasqua, en cavalier seul, devancera lors des européennes de 1999 la liste du RPR, alors portée par Nicolas Sarkozy.

3. « Référendum de 2005, sortie des urnes », sondage Ipsos pour Dell, *Le Figaro*, France 2 et Europe 1, 2005.

sont partagés à 56 % contre 44 % entre le « non » et le « oui »[1].

Depuis lors, nous sommes entrés dans un curieux *remake* de la « drôle de guerre ». Les « partis de gouvernement » évitent autant qu'il est possible de parler d'Europe – une question qui provoque à la fois de la division et du désintérêt, cela fait quand même beaucoup… Les « partis hors système » choisissent plus que de raison de parler d'Europe – en en faisant les uns et les autres la question centrale.

Avec la question européenne, le clivage gauche-droite s'est lézardé de l'intérieur et un autre clivage s'est insinué, durablement et profondément, au sein de chaque camp. Mais, au cours de ces trente-cinq années, le clivage gauche-droite s'est au surplus rétracté lorsque la droite et la gauche ont considéré que la gravité du contexte, extérieur ou domestique, exigeait d'aller au-delà de la gauche et de la droite et de se rassembler.

Le clivage transcendé

Dans notre pays, le rassemblement est une rareté et l'union nationale un mythe. Du début de la Ve République jusqu'au tournant du siècle, gauche et droite ont rarement défendu des positions communes et jamais

1. *Ibid.*

appelé à un vote identique. Elles l'ont fait depuis lors, et en des occasions qui marquent la mémoire collective.

Il y a eu, d'une part, des événements extérieurs. La guerre froide et son monde bipolaire ont laissé place à un monde non pas multipolaire mais « a-polaire », pour reprendre la formule de Laurent Fabius. Ce monde a-polaire, instable par nature, a été le siège de multiples soubresauts, déchirements et drames.

C'est ainsi, en sus des effets de l'alternance, que la politique internationale et la politique de défense ont vu la gauche et la droite se rassembler. Pas sur tout, certes – on a vu ainsi la visite de Kadhafi à l'Élysée fermement désavouée à gauche. Mais sur les choix décisifs.

Rassemblement pour l'intervention de la France après l'invasion du Koweït par l'Irak, la première guerre du Golfe en 1991.

Rassemblement contre l'intervention de la France lors de la deuxième guerre du Golfe en 2003.

Rassemblement pour arrêter la percée djihadiste vers Bamako, au Mali, en 2013.

Rassemblement pour intensifier les frappes sur Daech après les attentats de novembre 2015.

Sur tous ces sujets, le consensus est naturel. Il correspond à une vision du monde et du rôle de la France largement partagée à la fois par les responsables politiques et par l'opinion.

Et, sur tous ces sujets, le dissensus est coûteux. Un responsable de second rang peut faire ce pari – exposition à court terme, investissement de long terme – ; ce pari peut même être payant : Barack Obama a engrangé les dividendes de son opposition à la deuxième guerre du Golfe lors de la primaire démocrate de 2008. Mais un responsable de premier plan redoute de voir sa crédibilité abîmée – il ne fait pas bon nourrir le soupçon de récupération politique, *a fortiori* quand les soldats sont exposés. La réserve interrogative est courante, la divergence partielle est possible, mais l'opposition frontale est dangereuse.

C'est pourquoi le clivage gauche-droite a été le plus souvent transcendé sur les questions extérieures décisives. Mais il a été transcendé également sur des questions domestiques – ou, plutôt, sur une question domestique liée à l'émergence du Front national. Dès les débuts de la IIIe République, il y eut des gouvernements de « défense républicaine » rassemblant, notamment à partir de 1899, les radicaux, les républicains opportunistes, ainsi que les socialistes, pour faire barrage à la montée des extrêmes.

Durant la majeure partie de l'éphémère IVe République, il y eut des gouvernements de « troisième force » – rassemblant les modérés de chaque camp contre les communistes d'un côté et les gaullistes de l'autre.

Là, il ne s'agit pas d'accords gouvernementaux, mais de désistement électoral.

L'élimination de Lionel Jospin du second tour de l'élection présidentielle de 2002 a créé une situation inédite. Immédiatement, des responsables socialistes ont appelé à voter pour Jacques Chirac au second tour – au premier rang desquels Dominique Strauss-Kahn dès le 21 avril peu après 20 heures ou Martine Aubry dès le lendemain matin. Et, après la grande manifestation du 1er Mai, des millions d'électeurs de gauche ont voté en faveur du candidat de droite[1] – pour beaucoup d'entre eux, et pour moi, c'était une première fois.

Depuis lors, cette situation s'est répétée dans de nombreuses élections locales, le plus souvent au détriment de la gauche depuis 2012, qu'il s'agisse d'élections législatives partielles, d'élections municipales – comme à Perpignan ou à Saint-Gilles –, d'élections départementales – dans 510 cantons – ou d'élections régionales – avec le retrait du Parti socialiste dans trois régions. Mais la droite elle aussi y a été confrontée et, pendant de nombreuses années, a elle aussi défendu le « front républicain » contre le Front national – avant d'opter dans le désordre et le déshonneur pour un « ni-ni », mettant *de facto* sur le même plan le Parti socialiste et le Front national.

1. 80 % des électeurs qui ont voté à gauche au premier tour ont voté pour Jacques Chirac au second selon le sondage Ipsos du 6 mai 2002 réalisé à la sortie des urnes.

Je résume. Multiplication des alternances, cohabitations et ouvertures ; émergence du centre et du Front national ; omniprésence de la question européenne ; rassemblement sur la politique étrangère ; constitution répétée d'un front républicain. Tout cela en trente-cinq ans.

Voilà le film.

Comparons alors la situation en 2015 – presque terme à terme avec celle de 1980 : c'est le brouillard qui domine.

3

2015

Le brouillard idéologique

La première illustration du brouillard idéologique renvoie au jugement que portent les Français sur le clivage gauche-droite – c'est-à-dire à la manière dont ils se le représentent.

En 2011, j'avais résumé le rapport des Français à ce clivage d'une formule paradoxale : les Français « ne sont plus croyants mais sont encore pratiquants[1] ». Être « croyant », c'est juger pertinent le clivage comme grille de compréhension collective – c'est répondre : il est « valable », il n'est pas « dépassé ». Être « pratiquant », c'est accepter le clivage comme positionnement personnel – c'est dire : je suis « de droite » ou « de gauche ».

Est-ce encore vrai aujourd'hui ?

1. Gilles Finchelstein, « Avant la (vraie) bataille. Le nouveau paysage idéologique », Fondation Jean-Jaurès, Note n° 107, novembre 2011.

Les Français ne sont plus croyants. En 1980, on l'a vu, ils n'étaient que 30 % à considérer le clivage gauche-droite dépassé. En 2011, ils étaient 58 %[1]. Aujourd'hui, ils sont 73 % à estimer que les notions de droite et de gauche ne veulent plus dire grand-chose[2].

Les Français ne sont plus croyants depuis longtemps. Il n'y a là rien de vraiment nouveau : une majorité relative dès 1983 – c'est-à-dire dès le « tournant de la rigueur » –, puis absolue depuis 1989 – c'est-à-dire depuis la chute du mur de Berlin – s'est constamment dégagée sur cette position. Ce qui est frappant, c'est que les Français sont moins croyants encore aujourd'hui. Jamais, depuis que cette question est posée, la majorité qui considère que le clivage est dépassé n'a été aussi forte.

Les Français sont, par ailleurs, de moins en moins « pratiquants ». Plus de 30 % des Français refusent de se classer soit à droite, soit à gauche[3]. Ils se réfugient sur une position centrale ou centriste. Ils se considèrent « ni de droite ni de gauche ». Ils récusent la question en ne répondant pas.

1. Enquête Ipsos pour la Fondation Jean-Jaurès, août 2011.

2. « Baromètre de la confiance politique », vague 5, OpinionWay pour le Cevipof, décembre 2013.

3. Le chiffre de 30 % est ici trouvé dans la vague 5 du baromètre des priorités politiques et des dynamiques électorales de TNS-Sofres pour la Fondation Jean-Jaurès, le Cevipof et le Liepp (mai 2015). Il est l'addition de ceux qui ne se positionnent pas et de ceux qui se positionnent à 5 sur une échelle de 0 (très à gauche) à 10 (très à droite).

La deuxième illustration du brouillard idéologique touche à l'unité même des concepts. En 1980, on l'a vu, gauche, progrès, mouvement d'un côté ; droite, conservatisme, ordre d'un autre côté ; tout cela était synonyme.

Aujourd'hui, ces concepts sont désalignés.

La gauche peut être conservatrice. L'économie est mondialisée et la France dispose d'un État-providence dans lequel les « risques » de la vie sont dans l'ensemble bien couverts. Ce contexte-là est moins propice à la conquête qu'à la préservation – même si, pour ce faire, la réforme maîtrisée sera toujours plus efficace que la résistance au changement. Le *statu quo*, nouvelle conquête de la gauche ?

La gauche peut revendiquer l'ordre. Face à l'ampleur de la demande sociale, une partie de la gauche a refusé de laisser ce terrain à la droite. C'est Ségolène Royal inventant l'« ordre juste » pendant la campagne présidentielle de 2007. C'est François Hollande affirmant aux « délinquants » que « la République les rattrapera » lors de son discours du Bourget. C'est Manuel Valls qui, plus que tout autre, incarne et revendique l'ordre.

La droite, à l'inverse, veut incarner le mouvement. La révolution conservatrice lancée par Ronald Reagan et Margaret Thatcher avait cette double dimension : conservatrice dans sa visée, mais révolutionnaire dans sa méthode. Et c'est aussi pour préempter le mot qu'Édouard Balladur avait publié son *Dictionnaire de la réforme* en 1992[1] ou que Nicolas Sarkozy avait fait de la « rupture » son mot d'ordre avant son élection à la présidence de la République.

La droite, enfin, peut vouloir aussi récupérer l'idée de progrès. De manière significative, la Fondation pour l'innovation politique (la fondation politique issue de l'UMP) a organisé un *happening* de vingt-quatre heures en 2013 sur le thème « le progrès, c'est nous ».

Le brouillard électoral

Chacun, selon la formule d'Alain Ehrenberg, est devenu l'« entrepreneur de sa propre vie ». Cette ère de l'autonomie des individus, dans laquelle nous sommes entrés, a eu une double conséquence sur le terrain électoral.

La première conséquence, c'est que la fidélité électorale a été bien entamée.

Le clivage gauche-droite est flou et l'électeur est devenu « mobile » : il change de plus en plus d'avis au cours d'une campagne – et la campagne présidentielle de 2012 a permis de mesurer précisément l'ampleur de cette mobilité. Pour la première fois, la Fondation Jean-Jaurès, la Fondation pour l'innovation politique, le Cevipof et le journal *Le Monde* ont mis en place

1. Édouard Balladur, *Dictionnaire de la réforme*, Fayard, 1992.

un dispositif spécifique qui consistait à suivre l'évolution de six mille électeurs, réinterrogés dix fois entre les mois de novembre 2011 et de mai 2012. Résultat ? 56,5 % d'entre eux ont changé soit d'intention de vote, soit d'intention de voter – hésitant donc entre le vote et l'abstention – durant ces quelques mois[1].

Mais la mobilité témoigne de ce que la fidélité partisane est plus faible ; pas de ce que le clivage gauche-droite est plus ténu. Il faut donc être plus précis encore et distinguer, parmi les électeurs mobiles, ceux qui ont changé de candidat à l'intérieur de leur camp de ceux qui ont franchi la frontière entre la gauche et la droite.

C'est le travail qu'a effectué la politologue Anne Muxel[2], et dont on peut tirer plusieurs leçons.

La mobilité gauche-droite est forte. Elle a concerné – et ce chiffre est spectaculaire – plus de quatre millions d'électeurs et la moitié d'entre eux ont même effectué au moins un aller-retour[3].

1. Pour un bilan complet, le lecteur pourra se reporter à Gilles Finchelstein, « Dix-huit leçons sur l'élection présidentielle », *Revue politique et parlementaire*, n° 1063-1064, avril-septembre 2012.

2. Anne Muxel, « Les flux entre la droite et la gauche : l'expression de protestations qui ont servi François Hollande », in *La Décision électorale en 2012* (sous la direction de Pascal Perrineau), Armand Colin / Recherches, 2013, p. 129-150.

3. Il est intéressant de noter par ailleurs que leur vote a été décisif, puisque ces 12 % d'électeurs ont en effet fini par voter bien davantage que la moyenne en faveur de François Hollande (55 %) que pour Nicolas Sarkozy (31 %).

La mobilité gauche-droite est large. Tout le monde ou presque est touché. Les principales exceptions concernent les plus aisés et les plus âgés, et on peut se demander pour ces derniers si cela va durer. Tel sera le cas s'il s'agit d'un effet d'âge – ils sont moins mobiles parce qu'à soixante ans les opinions sont plus arrêtées. Tel ne sera pas le cas s'il s'agit d'un effet de génération – ceux qui ont soixante ans aujourd'hui ont été politiquement structurés durant l'âge d'or du clivage gauche-droite.

En définitive, et c'est l'élément le plus important, cette mobilité – au-delà même de son ampleur – illustre la perturbation du clivage gauche-droite. Quel est le positionnement politique de ces électeurs mobiles ? On aurait pu penser qu'ils se situaient au centre ou en dehors de l'échiquier traditionnel. Il n'en est rien : la majorité d'entre eux se situe soit à gauche, soit à droite. Quels sont les enjeux qui sont les plus importants pour ces électeurs mobiles ? Précisément ceux qui viennent traverser le clivage gauche-droite : davantage que les autres, ces électeurs ont, pour reprendre la formule d'Anne Muxel, « une même inclination protestataire, une même méfiance à l'égard de l'Europe et de la mondialisation économique, un même désir de protectionnisme et d'État[1] ».

1. *Ibid.*, p. 137.

La seconde conséquence de la plus grande autonomie des individus concerne la sociologie électorale : la formule de François Mitterrand associant « majorité politique » et « majorité sociologique », c'est-à-dire la gauche et les ouvriers, a fait long feu.

Hier, l'équation était juste – même si elle souffrait de nombreuses exceptions (les milieux populaires ont largement été gaullistes), qui expliquent que la gauche ait été tenue loin du pouvoir pendant si longtemps. Ainsi, en 1981, les ouvriers ont voté pour le candidat socialiste à 72 % au second tour[1].

Aujourd'hui, l'équation est erronée – c'est l'arrivée en tête de François Hollande dans les milieux populaires lors de l'élection présidentielle de 2012 qui fait figure d'exception. En 2002, Lionel Jospin rassemble 13 % des ouvriers au premier tour. Et, en 2007, 50 % seulement des ouvriers ont voté pour Ségolène Royal au second tour[2].

Les milieux populaires votaient à gauche. Ils ne votent pas à droite – Nicolas Sarkozy n'a obtenu que 19 % du vote des ouvriers et 22 % du vote des employés au premier tour de l'élection présidentielle de 2012. Mais ils sont nombreux à s'abstenir – notamment pour les scrutins intermédiaires – et, surtout, j'y reviendrai, à voter pour le Front national.

1. Olivier Ferrand, Romain Prudent, Bruno Jeanbart, *Gauche : quelle majorité électorale pour 2012 ?*, Terra Nova, mai 2011.

2. *Ibid.*

Du point de vue de la gauche, il y a matière à préoccupation et à interrogation. Préoccupation parce que, pris dans leur sens le plus large, les ouvriers et employés représentent près de la moitié de la population[1] – c'est précisément là que réside l'erreur du *think tank* Terra Nova, qui, dans un rapport sur la stratégie électorale de la gauche publié en 2011[2], les assimilait à « la France d'hier » et ne les intégrait pas à la « stratégie centrale » qui devait chercher à conquérir « la France de demain » (les diplômés, les jeunes, les femmes et les minorités). Interrogation parce qu'elle ne parvient plus à convaincre, ni même à parler, à ceux pour lesquels elle est censée se battre.

Du point de vue de la démocratie, en revanche, il y a matière à satisfaction. Les milieux populaires ne votent pas mécaniquement à gauche – ou, symétriquement, les cadres et les professions intellectuelles ne votent pas davantage mécaniquement à droite ? Fort bien ! Cela illustre une nouvelle fois que le clivage gauche-droite est un clivage de liberté qui n'assigne personne à résidence sociologique.

1. On arrive à ce chiffre impressionnant en additionnant les ouvriers, les employés et les retraités qui étaient ouvriers ou employés. Au regard des données de l'Insee en 2013, la population française comprenait 16 % d'employés actifs, 12,3 % d'ouvriers actifs, ainsi que 9,7 % d'employés inactifs et 8,2 % d'ouvriers inactifs. Soit 46,2 % de la population.

2. *Gauche : quelle majorité électorale pour 2012 ?*, *op. cit.*

Le brouillard politique

« La gauche mène une politique de droite. » « La droite mène une politique de gauche. » « Gauche et droite, c'est du pareil au même. » Ces sentences définitives, qui réduisent la politique à un théâtre d'ombres et à un jeu de rôle sans enjeu véritable, sont largement partagées. Les Français sont 57 % à considérer que « les différences entre la droite et la gauche ne sont pas importantes » et 76 % à estimer que, sur le plan des idées, la gauche et la droite « se sont rapprochées au cours des dernières années[1] ».

Il ne s'agit pas, ici, d'épouser cette assimilation. Il ne s'agit pas non plus d'instruire un procès en trahison perpétuelle. Il ne s'agit pas enfin d'établir un bilan comparé des mandats de Nicolas Sarkozy et de François Hollande – l'heure viendra peut-être plus tard. Il s'agit, en analysant les politiques publiques, de se concentrer sur ce qui a brouillé le clivage gauche-droite.

Le premier niveau de brouillard politique est le plus intuitif, le plus évident. C'est l'idée que gauche et droite obéissent à des règles identiques et intouchables – celles des traités internationaux qui régissent notamment le commerce international et des traités européens qui régissent une partie du reste. C'est l'idée que, au surplus, gauche et droite procèdent souvent à

1. « Fractures françaises », vague 3, *op. cit.*

des choix indéterminés, voire indéterminables politiquement – des choix qui en font perdre sa gauche et sa droite.

La droite n'abroge pas les 35 heures ; la gauche favorise le travail du dimanche. La droite, sitôt arrivée au pouvoir, demande à reculer la date de retour à l'équilibre des comptes publics ; la gauche, presque aussi rapidement, conclut un « pacte de responsabilité » avec les entreprises pour les aider à retrouver leurs marges. La droite défiscalise les heures supplémentaires pour augmenter les salaires modestes ; la gauche n'augmente pas le SMIC au-delà de ce que la loi oblige à faire. La droite supprime la double peine ; la gauche fait procéder à l'expulsion des étrangers en situation irrégulière. La droite renonce à la remise en cause du droit du sol ; la gauche, à la mise en œuvre du droit de vote des étrangers aux élections locales.

La liste n'est pas exhaustive. Elle ne dit rien de l'opportunité de ces choix. Mais elle dit beaucoup du brouillard politique qu'ils provoquent – en tout cas par rapport à l'idée que se font généralement les citoyens de ce que sont la gauche et la droite.

Mais il y a un second niveau de brouillard, au moins aussi insidieux : quand les choix sont illisibles.

Les politiques publiques sont faites de choix qui sont de plus en plus techniques. Ceux-ci reposent plus souvent qu'on ne le croit sur une certaine vision de l'homme, sur des valeurs, sur des philosophies différentes – bref, ils peuvent être rattachés à la gauche ou à la droite… Ou, plutôt, ils pourraient être rattachés à la gauche ou à la droite. Le problème, c'est qu'ils sont de plus en plus illisibles pour les citoyens.

Les choix peuvent être illisibles parce que les débats internes à chaque camp les rendent tels. Ce sont les socialistes qui, lors du projet de loi Macron élargissant l'ouverture du travail du dimanche, s'accordent sur l'obligation d'un accord avec les salariés, sur l'étendue des pouvoirs des maires, sur la création des zones touristiques internationales, mais font du nombre de dimanches potentiellement concernés la frontière entre le bien et le mal. Cinq dimanches, ce serait le socialisme ; sept, la social-démocratie ; douze, le social-libéralisme… C'est la droite qui, en 2007, s'accorde sur l'instauration d'un bouclier fiscal, mais se divise bruyamment sur l'intégration des contributions sociales dans le calcul de ce bouclier.

Les choix peuvent être illisibles parce qu'ils sont trop parcellaires. Ce sont des micro-mesures si modestes qu'elles perdent leur sens – c'est-à-dire leur direction. Quand la gauche, au fil d'un mandat, réforme le permis de conduire pour réduire les délais, fait entrer les représentants des salariés dans les conseils d'administration des très grandes entreprises, généralise le tiers payant, plafonne les frais bancaires, place les allocations familiales sous condition de ressources, plafonne les niches fiscales – la liste n'est pas exhaustive –, chacune de ces pièces dessine un puzzle… dont on ne voit pas l'image d'ensemble. Quand la droite, au fil d'un autre mandat, triple l'abattement sur les successions, fusionne l'allocation des parents isolés avec le RMI, met en place un bouclier fiscal, instaure les « peines planchers », supprime 150 000 postes de fonctionnaires dans la fonction publique d'État, limite l'accès des étudiants étrangers à l'université, supprime l'année de stage dans la formation des enseignants, chacune de ces pièces dessine un autre puzzle… que l'on ne voit pas davantage.

*

Je demeure convaincu qu'aucun autre clivage que celui qui oppose la gauche et la droite ne peut mieux permettre à une démocratie de se représenter.

Mais j'arrive à la conclusion que la capacité propulsive du clivage gauche-droite est aujourd'hui largement épuisée.

Le bilan est évidemment ambivalent. La médaille a son revers comme son avers. Le clivage gauche-droite n'est pas seulement une persistance rétinienne – il conserve une réalité et de nombreux points d'ancrage.

Le premier point d'ancrage, ce sont les institutions politiques qui favorisent le clivage gauche-droite. C'est vrai de la Constitution, qui, dans son article 7, organise l'élection du président de la République en deux tours de scrutin. C'est vrai du mode de scrutin pour les élections législatives : le scrutin uninominal à deux tours avec un seuil de qualification à 12,5 % des inscrits favorise lui aussi la bipolarisation. C'est vrai du calendrier électoral : la tenue des élections législatives dans la foulée des élections présidentielles contribue à la construction d'un bloc majoritaire et à la concordance entre les majorités issues des deux scrutins.

Tout cela encourage la perpétuation du clivage gauche-droite ; mais rien de cela ne peut le garantir – c'est la force et la faiblesse des institutions. Elles peuvent avoir pour effet de favoriser la bipolarisation ; elles ne peuvent avoir pour objet de sauver le clivage gauche-droite. La tripartition actuelle du système politique témoigne d'ailleurs des limites de cette digue institutionnelle – *a fortiori* lorsque l'élection présidentielle peut déboucher sur un second tour dont le candidat de la droite ou de la gauche est absent[1].

Le deuxième point d'ancrage, ce sont les comportements électoraux. Ils témoignent aussi de la persistance du clivage gauche-droite. Si l'on veut prévoir le vote d'un électeur, quel est le critère le plus déterminant ? Le genre ? Assez peu. L'âge ? Peu – à l'exception des seniors, qui votent nettement plus à droite que la moyenne. La catégorie socio-professionnelle ? Peu également – à l'exception des ouvriers, qui votent nettement plus à l'extrême droite que la moyenne. La géographie ? Peu toujours – à l'exception des électeurs

1. Alors même que, à la différence de 2002, chacun mesure le risque d'élimination de son camp.

des grandes villes, qui votent nettement plus à gauche que la moyenne. La religion ? Un peu plus, mais seulement pour une petite partie de la population – les catholiques pratiquants, qui votent nettement plus à droite, et les musulmans, qui votent nettement plus à gauche[1]. Mais aucun de ces critères n'arrive à la cheville de la position de chacun sur l'axe gauche-droite – et l'élection présidentielle de 2012 en a encore fourni une illustration éclatante. 45 % de ceux qui se situaient « très à gauche » ont voté pour Jean-Luc Mélenchon. 63 % de ceux qui se situaient « à gauche » ont voté pour François Hollande. 79 % de ceux qui se situaient « à droite » ont voté pour Nicolas Sarkozy. 71 % de ceux qui se situaient « très à droite » ont voté pour Marine Le Pen[2]. Aucune corrélation n'est plus robuste que celle-là. Pour autant, il ne faut pas succomber à « l'effet Kaplan »[3], cette célèbre parabole de l'homme qui a perdu ses clefs et les cherche sous un lampadaire au motif non pas que c'est là qu'il les a perdues, mais que c'est le seul endroit qui est éclairé. En d'autres termes, le positionnement sur l'axe gauche-droite est extrêmement prédictif du vote... quand ce positionnement existe[4] !

1. Jérome Fourquet (sous la direction de), *Karim vote à gauche et son voisin vote FN*, Éditions de l'Aube/Fondation Jean-Jaurès, 2015.

2. Sondage Ipsos réalisé à la sortie des urnes.

3. Abraham Kaplan, *The Conduct of Inquiry : Methodology for Behavioral Science*, Chandler Publishing Co., 1964.

4. Il était d'ailleurs instructif d'analyser le vote de ceux qui se disaient « ni de gauche, ni de droite » : ils ont d'abord voté, à 36 %, en faveur de Marine Le Pen ; puis en faveur de Nicolas Sarkozy, à 20 %, et de François Hollande, à 14 %.

Le troisième point d'ancrage, ce sont les histoires et les cultures partagées. Il est toujours signifiant de retracer la biographie politique de chacun. Les premiers souvenirs politiques ? Les premiers votes ? Les premiers engagements ? Les premières manifestations ? Au-delà de la singularité de chaque biographie politique, chaque camp construit sa propre histoire et son propre récit. Chaque camp a ses héros tutélaires, ses moments fondateurs, ses lieux mythiques, ses dates, ses morts, ses couleurs, ses chansons. Chaque camp, en contrepoint, a d'ailleurs aussi ses héros négatifs et ses dates noires – c'est également dans la démonisation de l'adversaire que se construisent une histoire et un récit. Paradoxalement, la gauche, alors même qu'elle veut incarner le progrès et l'avenir, attache peut-être une plus grande importance à cette mythologie. Mais, significativement, la moindre incursion sur le territoire symbolique de l'autre camp fait événement. Que Nicolas Sarkozy cite Jaurès à Toulouse en 2007, que François Hollande cite de Gaulle ou lance *La Marseillaise* en 2012, et la machine à interprétation s'emballe – tel était d'ailleurs précisément l'objectif poursuivi. Ces histoires et ces cultures viennent de loin ; elles ne s'éteignent et ne s'éteindront pas en un instant ; tout juste faut-il remarquer qu'elles sont simplement moins partagées.

Le quatrième point d'ancrage, ce sont les idées et les tempéraments. « La politique, ce sont des idées », écrivait Albert Thibaudet en 1932. De fait, je suis toujours frappé de constater qu'il existe des invariants dans les valeurs des citoyens et que l'on retrouve ces invariants dans toutes les démocraties occidentales. L'intensité des réponses peut varier, selon les époques et selon les pays, mais, toujours, les questions de l'intervention de l'État, du libéralisme culturel, de la redistribution fiscale, de la lutte contre les inégalités, divisent de la même manière selon que l'on se classe d'un côté ou de l'autre du spectre politique. « La politique, ce ne sont pas seulement des idées, ce sont des tempéraments », complétait François Goguel en 1946 – « ces affirmations presque instinctives, en tout cas irrationnelles, sur le sens de la vie, la nature de l'homme, les fins des sociétés[1] ». Je ne sais si ces affirmations sont irrationnelles, mais elles existent, elles relèvent presque du réflexe, elles sont profondément enfouies et solidement établies.

Le clivage gauche-droite n'est pas mort.

Mais, comme une vulgaire monnaie, il a subi une dévaluation – son existence demeure, sa valeur diminue.

Il est devenu un clivage de basse intensité, concurrencé, au moment du vote, par le jugement porté sur la personnalité, le charisme ou l'intégrité des différents candidats.

Il est tout simplement devenu moins structurant qu'avant.

S'agit-il d'une parenthèse ?

Je ne le crois pas.

---

1. François Goguel, *La Politique des partis sous la IIIe République*, Seuil, 1946, p. 26.

Je sais que le clivage gauche-droite s'est déjà effacé pour mieux réapparaître.

J'aime la formule qu'utilisait il y a une quinzaine d'années Jacques Julliard dans un livre-débat avec Claude Imbert : « Le clivage gauche-droite n'est pas dépassé, il s'est déplacé[1]. »

Je mesure que, depuis 1981, aucune campagne présidentielle n'a été à ce point archétypique du clivage gauche-droite que celle de 2012.

Mais j'ai la conviction que le clivage gauche-droite est durablement moins structurant pour au moins trois raisons.

La première tient aux mutations du monde. La mondialisation et le numérique posent de nombreuses questions politiques, mais beaucoup de ces questions sont globales, quand la démocratie reste pour l'essentiel locale. Dès lors, la défense des intérêts nationaux prend le plus souvent le pas sur de possibles convergences idéologiques internationales. Le clivage gauche-droite est moins pertinent là où il existe et pas opérant là où il devrait exister. Pour le dire autrement : la proximité politique Obama-Rousseff-Hollande pèse peu face aux intérêts nationaux des États-Unis, du Brésil et de la France. Ou, pour défendre la même idée : les divergences politiques Sarkozy-Hollande n'ont en rien entravé une continuité française sur la régulation de la mondialisation, l'éradication des paradis fiscaux ou la lutte contre l'évasion fiscale.

1. Claude Imbert et Jacques Julliard, *La Droite et la Gauche*, Robert Laffont, 1995.

La deuxième raison tient aux mutations des citoyens. Plus éduqués, plus individualistes, plus sceptiques, ils choisissent les élections où ils se déplacent et reproduisent de moins en moins mécaniquement leur vote d'une élection à l'autre : ils se comportent comme des consommateurs dans le marché électoral. Ils se constituent chacun leur propre bricolage idéologique et se sentent naturellement de gauche sur une question et de droite sur une autre.

La troisième raison tient au renouvellement des générations. Si l'on retient l'année 1980 comme butte témoin de la fin de l'âge d'or du clivage gauche-droite et que l'on décompte ceux qui ont été structurés idéologiquement postérieurement – en gros, ceux qui sont nés à partir du milieu des années soixante –, on arrive au chiffre de 27 millions. Cela veut dire que 61 % des électeurs français n'ont connu qu'un clivage dégradé ou dévalué.

Reste alors une dernière question : si le clivage gauche-droite est moins structurant, et durablement moins structurant, cette évolution est-elle spécifiquement française ou s'agit-il d'une tendance européenne ?

Là encore, le constat est sans appel.

Les mêmes causes produisant les mêmes effets, à peu près aucun de ces pays n'échappe à cette évolution.

La spécificité française ne tient donc pas à la dévaluation du clivage gauche-droite, cette réalité est largement partagée ; elle se distingue par une psychologie paradoxale. D'un côté, la France continue de vivre plus que d'autres sous l'empire et sous l'emprise du clivage gauche-droite – que ce soit sur le plan institutionnel ou sur le plan idéologique. D'un autre côté, la France souffre plus que les autres de cette *diminutio capitis* du clivage gauche-droite. Dans bien des pays européens, ce clivage est transcendé *de facto* par de grandes coalitions rassemblant sociaux-démocrates et démocrates-chrétiens – j'y reviendrai là aussi. Dans bien des pays européens, plusieurs responsables politiques ou intellectuels de premier plan ont pris acte de la dévaluation du clivage gauche-droite. C'est Anthony Giddens qui théorise la « troisième voie » dans un essai au titre éloquent – *Au-delà de la gauche et de la droite*[1] – et appelle à réconcilier libéralisme et travaillisme. C'est Tony Blair qui affirme à la tribune de l'Assemblée nationale « qu'il n'y a pas de politique économique de gauche ou de droite, il y a seulement des politiques économiques qui marchent et qui ne marchent pas ». C'est Matteo Renzi qui juge qu'il serait plus utile de « décliner le couple gauche-droite selon les termes temporels de conservatisme et innovation[2] ». En France, rien de tel. Pourquoi ? Notre pays porte une certaine idée de la politique qui place haut sa fonction symbolique[3]. Notre pays se plaît à transformer toute question concrète en querelle idéologique. Ainsi, la question des menus de substitution dans les écoles ne devrait pas être

1. Anthony Giddens, *Beyond Left and Right. The Future of Radical Politics*, Polity Press, 1994.

2. Matteo Renzi, « Lo spazio della sinistra, il tempo dell' innovazione » (« L'espace de la gauche, le temps de l'innovation »), postface à la réédition du livre de Norberto Bobbio, *Destra e sinistra*, *op. cit.*

3. J'ai développé cette idée dans « Réflexions sur la crise du politique », *Le Débat*, Gallimard, 2015/2, n° 184.

résolue en elle-même, mais tracerait la nouvelle frontière de la laïcité. Ainsi, l'élargissement du travail du dimanche ne s'examinerait pas au regard des nouvelles pratiques de consommation, notamment par Internet, mais tracerait la nouvelle frontière de la société de marché. Ainsi, la disparition du latin et du grec constituerait la preuve irréfutable du dépérissement de l'Éducation nationale. Notre pays sait mieux qu'ailleurs monter en généralité, théoriser et classifier. La France, patrie de la taxinomie – cette science de la classification –, n'aime pas le mou, le flou, le gris, le camaïeu, le modéré, le compromis.

Il fallait donc, plus qu'ailleurs, trouver un autre clivage dans l'espace symbolique laissé vacant – un clivage qui pourrait se substituer au clivage gauche-droite.

Réflexions sur la démocratie
(5) Structuration

Chaque jour, ou presque, un nouveau clivage est inventé.

Mais tous n'ont pas la même justesse.

Et surtout pas la même puissance.

Seuls ceux qui ont la capacité de structurer l'espace public peuvent s'imposer.

Il faudrait retracer, pays par pays, comment un clivage finit par devenir hégémonique.

Il faudrait comprendre quelle est la place de la construction idéologique, quel est le rôle des responsables politiques, quelle est la volonté du peuple.

Il faudrait démêler ces entrelacs mystérieux et soupeser ces influences opaques.

Ce dont je suis convaincu, c'est que, par-delà ces cheminements différents, les clivages qui s'imposent ont trois caractéristiques communes. Ce ne sont pas seulement des clivages binaires – ce sont ce que je propose d'appeler des clivages « globaux ».

Un clivage global doit d'abord représenter une réalité électorale. Les électeurs déterminent leur vote en s'inscrivant dans l'un des camps. Les institutions, ou les modes de scrutin, contribuent à donner à ce clivage une place centrale. Et la vie politique se structure autour de lui.

Un clivage global doit ensuite renvoyer à un imaginaire politique. Il a sa place dans la culture et l'histoire nationales. Il fait écho à des tempéraments nationaux. Il est jugé pertinent par les citoyens.

Un clivage global doit enfin orienter des politiques publiques. Il structure des positions. Il guide des choix.

On comprend mieux, dès lors, pourquoi, si tous les clivages qui fleurissent sont stimulants, donnent à réfléchir, portent une part de vérité, aucun n'est un clivage global et n'a la puissance nécessaire pour se substituer au clivage gauche-droite.

Aucun, sauf un – aussi vieux que la politique, mais toujours prêt à être dégainé en temps de crise et qui organise la société dans une verticalité simple.

Aucun, sauf un – peut-être le clivage le plus universellement partagé, quels que soient les régimes politiques et quels que soient les continents.

Aucun, sauf un – le clivage peuple-élite.

Deuxième partie

Peuple-élite

1

L'impasse populiste

Chacun se veut le meilleur représentant du « peuple » – c'est-à-dire du « vrai » peuple –, et la faiblesse théorique du concept n'enlève rien à sa force politique.

C'est le peuple contre les « mondialistes », pour Marine Le Pen.

C'est le peuple contre l'« oligarchie », pour Jean-Luc Mélenchon.

C'est le peuple contre la « caste » pour Pablo Iglesias, le leader de Podemos.

C'est « la France d'en bas » contre « la France d'en haut », pour Jean-Pierre Raffarin.

Au-delà de leurs différences – et derrière la sémantique, il y a de l'idéologie –, toutes ces formules révèlent – ou appellent à – un nouveau clivage entre le peuple et l'élite.

Le débat public, structuré tout entier à partir du populisme ?

Ce serait une erreur que de voir dans cette interrogation une peur irraisonnée ou un exercice intellectuel.

Ce peut être une réalité.

Le clivage populiste existe ailleurs.

Le climat populiste prospère chez nous.

La structuration du débat public autour du populisme est une réalité dans un certain nombre de pays. Parmi eux, le cas argentin constitue sans doute une espèce d'idéal-type ou de laboratoire *in vivo* d'autant plus intéressant qu'il permet de comprendre quelles sont à la fois les conditions d'émergence puis d'hégémonie du populisme[1].

Les conditions d'émergence sont simples. Une situation économique et politique dégradée – ce que l'on a appelé dans les années trente la *Decada infame.* Un travail idéologique visant à proposer une nouvelle grille de lecture autour de la nation et du peuple – avec l'objectif d'imposer comme seule question la mesure du caractère plus ou moins « national » ou « populaire » de toute position. Un leader, en l'espèce le colonel Perón, qui crée un lien avec le peuple autour de mesures en faveur de la protection sociale et des droits syndicaux d'un côté, et d'une rhétorique anti-bourgeoise d'un autre côté.

1. Les développements qui suivent s'appuient notamment sur l'article d'Erwan Sommerer, « Sur le rejet et l'instrumentalisation du clivage gauche-droite en Argentine », in *Gauche/droite. Genèse d'un clivage politique*, sous la direction de Jacques Le Bohec et Christophe Le Digol, Presses universitaires de France, 2012.

Et puis, après une victoire électorale, on voit comment se restructure complètement l'espace politique – celle de Perón en 1946 marque évidemment une étape décisive. Un nouveau clivage devient central – péronistes contre anti-péronistes. Un nouveau front se constitue, rassemblant tous ceux qui, au-delà de leurs divergences, s'opposent au populisme – l'arc s'étirant des communistes aux socialistes jusqu'aux conservateurs. Et, si l'on peut dire, le tour est joué.

Le clivage gauche-droite ne disparaît pas, mais il devient simplement un clivage de second rang, une grille de lecture pour comprendre les divergences à l'intérieur de chacun des camps – il y aura ainsi dans les années quatre-vingt-dix un péronisme « de droite » avec Carlos Menem, puis, dans les années deux mille, un péronisme « de gauche » avec les Kirchner.

Mais le clivage gauche-droite s'efface durablement – les tentatives de Raúl Alfonsín puis de Fernando de la Rúa pour le restaurer comme clivage central ont été autant d'échecs. Le clivage populiste domine et finit même par devenir hégémonique – l'avenir dira si la victoire du candidat conservateur Mauricio Macri contre le candidat péroniste en novembre 2015 est une parenthèse ou un tournant.

En France, un climat populiste prospère. Avec le boulangisme ou le poujadisme, notre pays avait déjà connu des poussées populistes : elles étaient aiguës et éphémères. Depuis maintenant plus de dix ans, voire plus de trente ans, nous voyons s'amonceler les nuages populistes.

Le tournant ? Le référendum de 2005 – l'Europe, encore et toujours, avec une campagne centrée sur le « plombier polonais ». Le clivage sociologique s'y est alors cristallisé avec éclat : 79 % en faveur du « non » chez les ouvriers et 67 % chez les employés ; 65 % en faveur du « oui » chez les cadres et professions intellectuelles[1] – après une campagne où, de fait, les élites politiques, économiques, culturelles et médiatiques avaient pour l'essentiel fait campagne du même côté[2].

La diffusion ? Je considère qu'il n'est pas abusif de relire toute la campagne présidentielle de 2007 à l'aune du populisme. Je m'explique. Nous sommes dans l'après-21 avril 2002. La question des milieux populaires, avec, notamment, la publication du *Descenseur social*[3], structure la campagne. Tous les candidats en font leur cible prioritaire : les ouvriers et les employés sont nombreux et mobiles – partagés en trois parts à peu près égales cinq ans plus tôt entre l'abstention, les partis de gouvernement et les partis de protestation. Tous les candidats choisissent alors non seulement de reléguer au second plan le clivage gauche-droite, mais surtout d'utiliser chacun un des ressorts du populisme pour tenter de conquérir les milieux populaires. C'est

1. Sondage Ipsos pour *Le Figaro* réalisé le jour du scrutin.

2. Et le sentiment d'une confiscation du vote populaire par les élites s'est trouvé renforcé par l'adoption, par voie parlementaire, du traité de Lisbonne.

3. Philippe Guibert, Alain Mergier, *Le Descenseur social. Enquête sur les milieux populaires*, Fondation Jean-Jaurès/Plon, avril 2006.

le « n'ayez pas peur du peuple » de Ségolène Royal lancé à Nicolas Sarkozy – après avoir fait du peuple les « meilleurs experts » et dénoncé « l'obstination des décideurs ». C'est François Bayrou publiant *Au nom du tiers état*[1] et choisissant le journal de 20 heures de TF1 pour fustiger les « grands médias » qui tentent de dicter leur choix. C'est Nicolas Sarkozy attaquant la « pensée unique ».

La progression du populisme depuis lors ? Les signes ne manquent pas. Sentiment d'un fossé entre le « haut » et le « bas » avec 85 % de Français qui considèrent que les responsables politiques, en général, ne se préoccupent pas de ce que pensent les gens comme eux[2]. Corruption généralisée pour 66 % d'entre eux. Défiance envers les élus en général et les partis politiques en particulier : seulement 26 % des Français font confiance aux députés, 9 % aux partis politiques[3]. Défiance envers les médias, qu'ils voient comme dépendants du pouvoir et détachés de la vérité.

La question est donc simple : l'Argentine peut-elle constituer une préfiguration de la France ? Formulée autrement : le populisme peut-il l'emporter dans notre pays et, ce faisant, restructurer autour de lui le débat public ?

1. François Bayrou, *Au nom du tiers état*, Hachette Littératures, 2006.
2. « Baromètre de la confiance politique », vague 6 bis, *op. cit.*
3. « Fractures françaises », vague 3, *op. cit.*

Le danger

« Populisme », dans une version actualisée du dictionnaire des idées reçues, la définition s'imposerait telle une évidence : « s'y opposer ».

« Populiste » est un adjectif non pas qualificatif, mais « disqualificatif » !

Il faut se méfier du populisme – il faut même le combattre, j'y reviendrai.

Mais il faut aussi se méfier de l'anti-populisme – et il faut commencer par expliciter quelques préventions à son endroit.

Pierre Rosanvallon a souligné que le populisme est « le point de rencontre entre un désenchantement politique [...] et un désarroi social » et qu'il faut « avoir l'intelligence de son inquiétude », c'est-à-dire « rejeter aussi bien le moralisme flou que le mépris hautain », car la question du populisme est « interne à la démocratie »[1].

L'analyse est juste.

Formulé autrement, l'anti-populisme n'échappe pas toujours à deux critiques.

La première critique est que, paradoxalement, il peut être dans *le déni du réel.*

Il y a, d'un côté, le déni de la situation des milieux populaires.

1. Pierre Rosanvallon, « Penser le populisme », leçon inaugurale aux 26e Rencontres de Pétrarque, 2011.

Quel est, trop souvent, le regard qui est porté sur eux ? On a le sentiment que, parce qu'ils ont disparu en tant que classe, ils ont disparu tout court – il suffit pour s'en convaincre de mesurer les réactions provoquées lorsque l'on annonce qu'il y a encore dans notre pays 12,6 millions d'ouvriers et d'employés. Et ils sont, plus souvent encore, invisibles en tant qu'individus – Florence Aubenas, dans *Le Quai de Ouistreham*[1], a montré combien on passait à côté d'eux, ou plutôt d'elles, sans même les voir[2].

Quelle est leur situation ? Un travail plus rare, avec un taux de chômage supérieur de 5 à 10 points à la moyenne nationale. Un travail moins payé – avec un revenu salarial annuel moyen inférieur de 44 % à celui de l'ensemble des salariés. Un travail plus précaire : plus de 20 % des employés et des ouvriers sont employés en contrat court, contre un peu plus de 10 % pour l'ensemble des salariés. Au total, plus de 60 % des Français – et d'abord eux – se disent chaque mois : « Je ne sais pas comment faire pour boucler la fin de mois[3]. »

Quel est, enfin, leur avenir ? Ils n'ont souvent aucun patrimoine à transmettre – la moitié des ouvriers et

1. Florence Aubenas, *Le Quai de Ouistreham*, Éditions de l'Olivier, 2010.

2. C'est là tout l'intérêt du projet de Pierre Rosanvallon avec « Le Parlement des invisibles », qui vise à redonner une identité et une singularité à chacun de ces individus, en les amenant à raconter leur vie singulière.

3. Enquête TNS-Sofres, juin 2015.

des employés possèdent un patrimoine inférieur à 30 000 euros. Et ils ont moins de perspectives pour leurs enfants – 5 % des étudiants sont des enfants d'ouvriers.

Au prétexte que les populistes instrumentalisent ces réalités-là, les anti-populistes les méconnaissent ou s'y résignent trop souvent.

Il y a, d'un autre côté, les dérives d'une partie des élites elles-mêmes. Les populistes les exploitent, là encore. Mais, dans le même temps, les élites les traitent souvent avec une mansuétude coupable, un *benign neglect* choquant, une bienveillance collective dont l'ampleur n'a d'égal que l'acharnement individuel qui frappe de temps à autre le négligent, l'imprudent ou le malhonnête – lequel remplit alors la fonction de victime expiatoire. Les élites ne sont pourtant pas toujours, loin de là, à la hauteur de ce qu'elles devraient être.

C'est vrai lorsque les élites pratiquent l'« entre-soi », avec notamment le déploiement de stratégies territoriales pour, à partir d'un logement, choisir une école – le tout aboutissant à cette *gentrification* de quartiers que Jacques Donzelot a décrit dans *Quand la ville se défait*[1].

C'est vrai, peut-être plus fortement encore, lorsque des élites économiques et surtout financières participent

1. Jacques Donzelot, *Quand la ville se défait. Quelle politique face à la crise des banlieues ?*, Seuil, 2006.

de ce que Thierry Pech a appelé « la sécession des riches[1] ». Pour une partie d'entre elles, et de manière paradoxale parce que c'est la critique qu'elles formulaient autrefois à l'encontre des ouvriers, les classes sociales subsistent, mais l'intérêt national s'étiole. Elles accaparent une part démesurée de la valeur ajoutée – songeons qu'aux États-Unis, en 2010, deux ans après la crise, les 1 % des Américains les plus riches ont capté 93 % de l'accroissement des revenus[2] – comme l'a dit le milliardaire Warren Buffett, « la lutte des classes existe et nous l'avons gagnée ». À l'inverse, l'exil fiscal – qu'il soit personnel ou qu'il concerne le siège social ou le centre de recherche d'une entreprise – est banalisé et trop facilement justifié[3].

C'est vrai, enfin, des élites politiques. Si celles-ci se sont beaucoup réformées – notamment grâce à la gauche et notamment ces dernières années avec la limitation du cumul des mandats ou la transparence des patrimoines des ministres –, elles demeurent insuffisamment diversifiées – et, désormais, c'est peut-être la diversité des parcours professionnels qui fait le plus défaut, avec une trop grande méconnaissance du monde de l'entreprise. Elles manquent d'épaisseur, de souffle, de vision du monde – et donnent souvent prise à la formule du général de

1. Thierry Pech, *Le Temps des riches. Anatomie d'une sécession*, Seuil, 2011.

2. Chiffres cités par François Dubet, in *La Préférence pour l'inégalité. Comprendre la crise des solidarités*, Seuil, 2014.

3. Il est intéressant de noter que les attentats de novembre 2015 ont eu pour effet le lancement d'un mouvement de retour fiscal initié par Marc Simoncini.

Gaulle : « Chacun cuit sa petite soupe, à petit feu, dans son petit coin. »

Si les anti-populistes sont parfois dans le déni du réel, la seconde prévention est plus profonde : leurs critiques du populisme masquent mal un refus ou une incompréhension de ce qu'est la politique.

Ils oublient, à tort, que la politique est un art de la simplicité. Nos sociétés se sont sécularisées, les grandes idéologies se sont effacées – elles donnaient du sens à ce qui n'en avait pas nécessairement. Ce faisant, c'est à leur expérience collective que les milieux populaires recourent – et le « bon sens » a remplacé le « sens ». Or, dans le même temps, les élites politiques, issues davantage qu'auparavant de la haute fonction publique, ont porté une conception de plus en plus technique de la politique. Pour résoudre un problème, elles estiment trop souvent qu'il n'est guère utile de partager un diagnostic ni de formuler un objectif ; il faut et il suffit d'annoncer une « mesure » – et peu importe que seule une poignée de spécialistes en comprenne la signification. Il s'ensuit un sentiment de dépossession qui alimente la colère populaire.

Il ne faut pas méconnaître la complexité du monde.
Il faut refuser la caricature. Évidemment !
Mais ce qui est simple n'est pas nécessairement simpliste.
Le politique doit être pédagogue – c'est la politesse de la démocratie.

Le politique doit expliquer le « pourquoi » et pas seulement le « comment ».

Le politique doit être raison – et élever la conscience par l'échange d'arguments. Mais il ne doit pas opposer raison et passion – ce que font aussi à tort les anti-populistes.

Il ne s'agit pas de placer un signe d'équivalence entre anti-populisme et populisme.

S'il faut se méfier de l'anti-populisme – ou, à tout le moins, s'il ne doit pas être exempt d'une distance critique –, il y a tout lieu de combattre le populisme.

De Margaret Canovan en passant par Pierre-André Taguieff ou Guy Hermet, de nombreux auteurs, en France comme ailleurs, se sont attachés à définir le populisme – catégorie hybride dont les contours ne vont pas de soi.

De manière empirique, je suis pour ma part frappé par quatre traits communs aux populistes de tous bords et de tous horizons – quatre traits qui constituent autant de dangers : un style, un mythe, une méthode, une idéologie.

Premier trait commun : un style – la violence.

Les populistes ne recourent pas nécessairement à la violence physique. Ils cherchent généralement à conquérir le pouvoir par les urnes – quitte à s'appuyer sur la rue. Mais ils ont toujours le verbe dur – et pas seulement le verbe haut. Leur violence s'exprime dans le choix des mots, des images, des arguments. Leur violence se niche dans le ton qu'ils emploient et dans la nature des attaques qu'ils choisissent – en ne négligeant jamais les attaques *ad hominem*, voire le dénigrement physique.

De ce point de vue, la période est propice au populisme. La modération n'est pas de saison. Elle est plus rarement mise au crédit de l'intelligence qu'au débit de l'indétermination. Aujourd'hui, mieux vaut parler fort que viser juste.

Il faut résister à cette dérive de notre débat public.

Deuxième trait commun : un mythe – et même un double mythe.

Quel peuple ? Il est inacceptable d'exclure du peuple une partie du peuple – ce que font toujours les populistes, qui distinguent le « vrai » et le « faux » peuple. Mais il est de surcroît impossible de décréter l'unité du peuple. Même ainsi arbitrairement réduit, même ainsi politiquement utilisé, il faut, au contraire, prendre en compte le fait que le peuple est « une réalité humaine et sociale complexe, multiple et insaisissable dans sa totalité[1] », pour reprendre les mots de Laurent Bouvet.

Quelle élite ? De la même manière, l'élite ne peut s'écrire qu'au pluriel. Il n'y a pas grand-chose de commun entre les différentes élites qu'analyse William Genieys[2]. Les élites administrative, politique, intellectuelle, financière, économique, sportive, médiatique

1. Laurent Bouvet, *Le Sens du peuple. La gauche, la démocratie, le populisme*, Gallimard, 2012.

2. William Genieys, *Sociologie politique des élites*, Armand Colin, 2011.

n'ont pas les mêmes revenus, n'ont pas les mêmes convictions, n'ont pas le même mode de pensée.

Le populisme postule par ailleurs que le peuple est dans la vérité – ou, pour être plus précis, que les milieux populaires sont ontologiquement dans le vrai, dans le juste, dans le décent. La pensée d'un philosophe comme Jean-Claude Michéa illustre cette dérive. Sa défense des « gens ordinaires » – les *ordinary people* de George Orwell – finit en effet par basculer dans un aveuglement qui n'a d'égal que le manichéisme. Les gens ordinaires feraient preuve d'un « refus de parvenir », c'est-à-dire d'une « indifférence naturelle envers tout ce qui relève de la course au pouvoir, à la richesse ou à la célébrité[1] ». Les gens ordinaires s'inscriraient naturellement dans la logique du don qu'a analysée Marcel Mauss, c'est-à-dire de la « triple obligation de donner, recevoir et rendre ». Les gens ordinaires auraient « dans les faits » non seulement « une aptitude concrète à la décence », mais ils en auraient même le « privilège »[2]. Et, s'ils venaient à voter pour l'extrême droite, les gens ordinaires n'en porteraient aucunement la responsabilité, qui doit être trouvée entièrement, tout au contraire, chez les socialistes, qui veulent « détruire l'ensemble des vertus et des traditions auxquelles ils sont attachés[3] ».

Troisième trait : une méthode – l'appel au peuple.

1. Jean-Claude Michéa, *Le Complexe d'Orphée. La gauche, les gens ordinaires et la religion du progrès*, Climats, 2013, p. 68.

2. *Ibid.*, p. 100.

3. *Ibid.*, p. 243.

La question est plus complexe qu'il n'y paraît.

Le peuple est la source de la souveraineté.

« Le gouvernement du peuple, par le peuple et pour le peuple » est le « principe » de la République selon notre Constitution.

La participation du peuple aux décisions est une question consubstantielle à la démocratie.

C'était vrai dans notre histoire contemporaine. Le général de Gaulle a eu recours au référendum à de nombreuses reprises, notamment pour trouver une issue à la guerre d'Algérie – et il a démissionné le soir même de sa défaite au référendum de 1969. François Mitterrand avait pour mot d'ordre, durant la campagne présidentielle de 1981 : « La seule idée de la droite, garder le pouvoir ; mon premier projet, vous le rendre[1]. »

C'est encore plus vrai aujourd'hui, alors que nous sommes dans une société « liquide[2] », pour reprendre la formule de Zygmunt Bauman. Qu'il s'agisse de la vie familiale, de la vie professionnelle, de la vie politique, les relations verticales sont de plus en plus complétées, ou concurrencées, par des relations horizontales. Dès lors, de nouvelles réflexions et de nouvelles pratiques émergent : lancement à Paris d'un budget participatif représentant 100 millions d'euros en 2016 ; organisation de conférences de consensus sur de grands sujets de société comme l'accompagnement des personnes en

1. François Mitterrand, affiche officielle de la campagne présidentielle de 1981.

2. Zygmunt Bauman, *La Vie liquide*, Éditions du Rouergue, 2006.

fin de vie ; systématisation des concertations publiques, en France comme ailleurs, avant tout grand chantier ; intervention des téléspectateurs ou des auditeurs en direct dans les débats politiques *via* Twitter ; inscription dans plusieurs constitutions latino-américaines du référendum révocatoire.

Dans ce mouvement, l'appel au peuple et le recours au référendum sont ambivalents. D'un côté, ils sont incontestables – et même le Royaume-Uni, symbole de la démocratie représentative, a choisi d'organiser un référendum sur l'appartenance à l'Union européenne. D'un autre côté, ils sont problématiques – le référendum est l'un des points de ralliement de tous les populistes.

Pour faire la part entre l'un et l'autre, tout est donc affaire de « contexte » et d'« intention »[1].

Il y a une dimension interne au référendum lui-même. Elle tient pour l'essentiel à ses modalités. De ce point de vue, le référendum organisé en Grèce le 5 juillet 2015 par le gouvernement d'Alexis Tsipras constitue une énigme : campagne trop courte, question trop opaque, il n'aura que reporté les choix économiques et la crise politique.

Il y a aussi une dimension externe. Elle tient au discours dans lequel l'appel au référendum s'inscrit. Ce qui distingue le populisme, ce n'est pas qu'il critique le fonctionnement de la représentation – ce qui peut être légitime –, c'est qu'il attaque l'idée de représenta-

1. Je reprends à dessein deux termes qu'utilisent les tribunaux pour déterminer l'existence de l'injure, de la diffamation ou de l'incitation à la discrimination, à la haine ou à la violence.

tion ou de l'intermédiation. C'est vrai de la représentation sociale. C'est vrai de la représentation politique – dont les élus comme les partis sont brocardés en tant que tels. C'est vrai de toutes les institutions libérales – la justice, les cours constitutionnelles ou les autorités administratives indépendantes sont contestées dans leur principe même.

En définitive, l'appel au peuple ne peut évidemment pas être un mode de gouvernement quotidien. L'efficacité de l'action publique – de plus en plus liée à un rythme rapide – en serait affectée. Et, de surcroît, la demande citoyenne s'y épuiserait bien vite.

Quatrième trait : une idéologie – le bouc émissaire.

Le populisme ne se contente pas d'un adversaire, il recherche, et construit, un bouc émissaire. Le juif ou le musulman. L'Europe ou l'Allemagne. L'immigré en général ou le Rom en particulier. L'essentiel est de le désigner. L'essentiel est de le dénoncer. L'essentiel est de le combattre. Le bouc émissaire remplit une triple fonction décisive.

Il doit permettre d'abord l'unification du peuple – dont les différences d'intérêts devraient s'effacer pour faire face à l'ennemi.

Il doit constituer ensuite l'explication des malheurs du peuple. Le bouc émissaire devient ainsi la cause unique, l'idée fixe, la référence obsessionnelle. C'est le nœud gordien qui permet, comme toute pensée magique refusant la complexité du monde, de reconfigurer tous les paramètres.

Il doit servir enfin de légitimation pour imposer une autre grille de lecture. Le débat public est structuré autour du clivage gauche-droite ? Le vrai clivage est ailleurs – autour de ce bouc émissaire. « Ni gauche, ni droite, au peuple », disent les uns. Le peuple contre l'« oligarchie » ou contre la « caste », disent les autres.

L'impuissance

La question, cependant, n'est pas seulement d'analyser le populisme, elle est aussi d'évaluer la menace populiste.

Le populisme est *idéologiquement puissant.*

Il est toujours stimulant de voir le regard qui est porté sur notre pays depuis l'extérieur. Sudhir Hazareesingh, professeur à Oxford et passionné de l'histoire et de la culture politique françaises, a publié un essai dont le titre dit beaucoup : *Ce pays qui aime les idées*[1]. La thèse est simple : les Français demeurent « le peuple le plus intellectuel de la terre ». Les arguments sont connus : nous nous distinguerions des autres peuples par un goût plus prononcé pour la pensée spéculative et le raisonnement déductif, par la capacité d'abstraction et la prédilection aux oppositions binaires, par

1. Flammarion, 2015. Le titre anglais est plus parlant encore : *How the French Think : an Affectionate Portrait of an Intellectual People* (Allen Lane, 2015).

l'attachement à la forme d'exposition et l'appétit de classification.

Pour qui a travaillé à l'étranger ou participé à un colloque international, l'analyse n'est pas fausse : un intervenant français se reconnaît immédiatement – et pas seulement à son accent.

Mais elle néglige une part croissante de la réalité. Nous avons les nerfs à vif ; le fond de l'air est populiste.

Le populisme est idéologiquement puissant, mais, pourtant, *électoralement impuissant.*

Électoralement impuissant ? Je mesure le caractère provocateur de l'affirmation et les critiques qu'elle peut susciter. Comment ? Quelle cécité ! Quelle impudence ! Quelle imprudence ! Alors, je précise.

D'un côté, le populisme progresse – incontestablement. Il faut même aller plus loin et prendre conscience de la réalité de cette progression en Europe comme en France.

En Europe, ce qui frappe d'abord, c'est le niveau des scores obtenus par les partis populistes. C'est vrai des élections nationales. Si l'on s'en tient à celles qui se sont déroulées depuis 2014 : deuxième position en Finlande pour les Vrais Finlandais ou au Danemark pour le Parti du peuple. Troisième position pour les Démocrates suédois, le Parti du progrès en Norvège, le Ukip en Grande-Bretagne, ou encore le Bouclier humain en Croatie. C'est vrai des élections au Parlement européen de 2014 : lors de ces élections, les populistes de tous bords ont obtenu des élus dans vingt-trois pays, sont arrivés en tête notamment au Royaume-Uni, au Danemark et en France, et ont obtenu plus de 10 % des voix dans cinq pays supplémentaires – Autriche, Hongrie, Pays-Bas, Finlande, Pologne. Au total, ils ont plus de 140 députés, soit le triple par rapport au précédent scrutin.

Ce qui frappe ensuite, c'est la diversité des situations. Peu importe que la démocratie soit enracinée, comme en Suède, ou plus récente, comme en Croatie. Peu importe que la monnaie unique ait été adoptée, comme en Finlande, ou non, comme en Hongrie. Peu importe qu'un pays soit membre de l'Union européenne, comme l'Autriche, ou qu'il s'en soit tenu éloigné, comme la Norvège. Peu importe que le chômage soit proliférant, comme en Grèce ou en Espagne, ou que l'emploi soit abondant, comme aux Pays-Bas. Peu importe que la société soit homogène, comme en République tchèque, ou multiculturelle, comme en France. Pour le dire autrement, tout le monde est égal face au populisme – et tout le monde ou presque est touché.

La France, quant à elle, se caractérise par un double mouvement.

Premier mouvement : la percée électorale du Front national.

Pour en mesurer l'ampleur, il suffit de se livrer à un exercice simple et de comparer, pour les cinq dernières élections, la situation du Front national avant et après le scrutin.

Élection présidentielle de 2012. Marine Le Pen recueille le 22 avril 2012 17,9 % des suffrages exprimés ; Jean-Marie Le Pen, en 2007, n'avait obtenu que 10,4 %.

Élections municipales de mars 2014. Dans une élection censée privilégier les équipes municipales sortantes, le FN réussit à faire élire 1 546 conseillers municipaux – il n'en comptait que 60 avant le scrutin.

Élection du Parlement européen de juin 2014. Ce scrutin avait toujours été historiquement difficile pour le FN : il n'y rassemblait, au mieux, que 10 % des voix depuis vingt-cinq ans. Cette fois-ci, le FN obtient 24,8 % ; il arrive non seulement en tête au niveau national, mais également dans 16 régions sur 22.

Élections départementales de 2015. Le FN arrive en tête dans près de la moitié des départements, rassemble plus de 5 millions de voix, augmentant de 1,5 million de voix le plus haut score qu'il avait jamais obtenu jusque-là lors d'une élection locale.

Élections régionales de décembre 2015. Le FN passe de 10 % en 2010 à 28 % au premier tour et rassemble le plus grand nombre de suffrages de son histoire au second tour.

Sans même évoquer les intentions de vote pour la prochaine élection présidentielle, le constat s'impose : un palier a été franchi.

Mieux, ou pis, il y a une fidélisation de l'électorat du Front national. Lorsqu'il se déplace pour voter, un électeur de Marine Le Pen a neuf chances sur dix de reproduire son vote de l'élection présidentielle de 2012 ; ce chiffre n'est que de six sur dix pour un électeur de François Hollande ou de Nicolas Sarkozy[1]. À l'heure de la mobilité électorale, cette fidélité est spectaculaire. L'électorat du Front national est tout simplement plus uni. Pour n'en donner qu'une illustration, analysant les réponses aux trente-cinq principales questions du baromètre sur les « fractures françaises[2] », j'ai recherché combien de questions rassemblaient au moins 80 % des sympathisants à l'intérieur de chacun des trois principaux électorats – bon indice de leur unité respective. Résultat ? Pour le FN, 32 questions ; pour le PS et l'UMP, 17 et 19 questions seulement. Contrairement à ce que l'on répète de manière un peu pavlovienne, il s'agit désormais d'un vote d'adhésion – même si ce peut être une adhésion à la protestation.

Second mouvement : il y a un basculement populiste de Jean-Luc Mélenchon.

J'entretiens avec Jean-Luc Mélenchon une relation étrange. Je crois que je lui dois l'honneur de ma première publication, dans la *Nouvelle Revue socialiste*, avec la critique d'un de ses premiers essais[3]. Jean-Luc

1. Enquête OpinionWay pour *L'Opinion* menée le jour du premier tour des élections départementales de mars 2015.
2. « Fractures françaises », vague 3, *op. cit.*
3. Jean-Luc Mélenchon, *Jusqu'à l'os,* Éditions Régine Deforges, 1991.

Mélenchon défendait l'idée qu'« accepter de voir le jambon dépecé tranche après tranche pour calmer l'ardeur de ses adversaires, c'est inéluctablement accepter qu'il soit rongé jusqu'à l'os ». Je rétorquais que « la volonté de ne jamais rien céder est certes aussi romantique que séduisante. Est-elle cependant compatible avec le compromis désormais théorisé par le projet socialiste ? Est-elle même souhaitable dans une démocratie ? ». C'était il y a plus de vingt-cinq ans…

Depuis lors, la gauche a été traversée par bien des débats ; je ne crois pas qu'un seul d'entre eux ne nous ait pas opposés. Je juge souvent inquiétants le dogmatisme de sa réflexion, l'irréalité de ses propositions, la violence de ses attitudes. Dans le même temps, j'éprouve du respect pour l'intellectuel qu'il demeure, pour l'auteur que je lis et pour le politique qui porte un idéal d'émancipation des citoyens en plaçant le débat à un haut niveau d'exigence.

En 2011, je me souviens d'avoir participé à un débat avec Daniel Cohn-Bendit, Bruno Le Maire et Jean-Luc Mélenchon sur le populisme. Il était alors dans une hésitation face au populisme – illustrée notamment par le titre de l'essai qu'il avait alors publié : *Qu'ils s'en aillent tous !*[1]. Il acceptait le mot – « J'en appelle à l'énergie du plus grand nombre contre la suffisance des privilégiés. Populiste, moi ? J'assume[2] ! » Il n'en épou-

1. Jean Luc Mélenchon, *Qu'ils s'en aillent tous ! Vite, la révolution citoyenne*, Flammarion, 2010.

2. Entretien dans *L'Express*, 16 septembre 2010.

sait pas tous les traits. Au final, sa campagne fut une triple réussite. Réussite électorale, en passant de 6 % d'intentions de vote en octobre 2011[1] à 11,1 % de suffrages exprimés lors du premier tour – et en parvenant à capter l'immense majorité du vote de la gauche de la gauche, traditionnellement éclaté. Réussite populaire, avec une spectaculaire mobilisation dans les meetings. Réussite politique, avec une structuration du débat autour de sa personnalité et de ses propositions[2].

Depuis lors, Jean-Luc Mélenchon a fait un choix stratégique. Il aurait pu tenter de devenir le réceptacle des déçus de François Hollande – il y avait un espace… Il a choisi la radicalisation et la rupture populistes.

Après l'hésitation populiste, c'est *le basculement populiste.* Ce basculement a été assumé : « En préparant ce livre, je savais que je ne voyais plus les faits et le monde comme autrefois lorsque je partageais l'essentiel du message traditionnel de la gauche[3]. » Il a été théorisé : après le clivage gauche-droite, le point d'appui serait « le peuple détrônant l'oligarchie ». Il a été mis en pratique – et le premier semestre 2015 marque ce basculement : non seulement Jean-Luc Mélenchon a appelé à censurer un gouvernement de

1. Baromètre d'intentions de vote Ipsos/Logica Business Consulting, vague 7, réalisé pour France Télévisions, Radio France, *Le Monde*, octobre 2011.

2. C'est ce que montraient notamment les entretiens individuels qui ont été réalisés pendant toute la campagne présidentielle *via* le dispositif « Présidoscopie » par l'institut Ipsos pour la Fondation Jean-Jaurès, la Fondation pour l'innovation politique, le Cevipof et *Le Monde.*

3. Jean-Luc Mélenchon, *L'Ère du peuple*, Fayard, 2014, p. 14.

gauche en juin 2015, mais il a même refusé à plusieurs reprises le désistement de second tour, y compris lorsqu'il y avait un risque d'élection du Front national. Le basculement populiste, enfin, a été parachevé avec la construction d'un bouc émissaire : l'Allemagne[1]. Non pas la droite allemande, mais l'Allemagne en tant que telle. La réunification est devenue une annexion. La politique conservatrice de l'Union européenne a pour seule responsable l'Allemagne. Henri Weber a alors dénoncé à raison une « germanophobie aux accents déroulédiens[2] ».

D'un côté, donc, percée électorale de Marine Le Pen, basculement populiste de Jean-Luc Mélenchon, il existe une réelle dynamique populiste.

D'un autre côté, pourtant, il y a une impasse populiste : les populistes ne l'emporteront pas. La situation – au moins pour 2017 – peut être résumée ainsi : l'alliance des populistes est impossible, la victoire d'un populiste est chimérique.

L'alliance des populistes est-elle impossible ? Cette question est légitime – elle se pose au-delà de l'étiquette commune. Il y a des évolutions. Marine Le Pen soutient Syriza. Jean-Luc Mélenchon fait de la souveraineté nationale son nouvel horizon : « S'il faut choisir entre

1. *Idem*, *Le Hareng de Bismarck*, Plon, 2015.

2. Henri Weber, « Jean-Luc Mélenchon, halte au complotisme ! », *Libération*, 24 mai 2015.

l'euro et la souveraineté nationale, je choisis la souveraineté nationale[1]. » Il y a des convergences : l'un et l'autre ne se contentant pas de critiquer la politique étrangère de la France, mais sombrant dans une même fascination pour Vladimir Poutine ; l'un et l'autre faisant de l'opposition à l'Union européenne le cœur de leur stratégie. Tout cela peut donner corps à l'alliance des « rouges » et des « bruns ». Mais il s'agit d'un fantasme.

Il n'y aura pas d'alliance au sommet, et l'actualité nous en aura, si nécessaire, administré ce que l'on pourrait appeler « la preuve par Sapir ». On peut voir dans les propos de Jacques Sapir un indice d'un possible rapprochement : cet économiste, proche du Front de gauche, a en effet évoqué comme « perspective possible » la constitution d'un « front de libération nationale » comprenant le Front national autour d'un objectif central : la sortie de l'euro. Erreur d'analyse ! Les réactions à ce papier témoignent exactement de l'impossibilité de cette alliance. C'est vrai des réactions des intellectuels – je pense à Frédéric Lordon, qui dénonçait sur son blog du *Monde diplomatique* la « perte du sens de l'histoire » de Jacques Sapir. C'est vrai des politiques – je pense à Jean-Luc Mélenchon refusant même de participer au colloque organisé par Jean-Pierre Chevènement sur « les républicains des deux rives » pour ne pas accréditer la « thèse selon laquelle tous les défenseurs de la souveraineté populaire seraient voués à se retrouver unis alors même que leurs convictions écologiques et sociales s'opposent en tous points ».

---

1. Interview dans *Le Journal du dimanche*, 23 août 2015.

S'il n'y aura pas d'alliance au sommet, il n'y aura pas davantage de fusion à la base. Dans l'hypothèse où Marine Le Pen serait présente au second tour de l'élection présidentielle, c'est une nouvelle erreur que de penser qu'elle trouverait dans l'électorat de Jean-Luc Mélenchon une réserve de voix potentielle – en dépit d'oppositions partagées à l'Union européenne ou à la mondialisation. Le « gaucho-lepénisme » existe. Pascal Perrineau en distingue même plusieurs catégories. Le gaucho-lepénisme « d'origine » – électeurs frontistes venant de la gauche – ou « de l'instant » – électeurs frontistes qui continuent de se revendiquer de gauche. Ce « gaucho-lepénisme » explique à peu près le tiers du score de Marine Le Pen en 2012. Mais, pendant la campagne elle-même, les transferts électoraux d'un candidat à l'autre ont été anecdotiques. Les électeurs de Jean-Luc Mélenchon ont une image exécrable de Marine Le Pen – moins de 10 % seulement d'opinions positives pour Marine Le Pen chez ceux qui ont voté Jean-Luc Mélenchon au premier tour de la présidentielle de 2012[1]. Les sympathisants du Front de gauche et du Front national ont des visions radicalement opposées sur l'islam, l'immigration, les réfugiés, la solidarité, la peine de mort.

À défaut d'alliance, la victoire d'un populiste est-elle chimérique ?

Seul Jean-Luc Mélenchon, ou presque, envisage la victoire de Jean-Luc Mélenchon. Il dit se préparer à sa

1. Baromètre Ipsos-*Le Point*, novembre 2015.

candidature et considère être le seul à pouvoir battre Marine Le Pen, parce qu'il serait son exact opposé. Son postulat de départ ? Le système va radicalement et brutalement s'écrouler, ouvrant une nouvelle période à laquelle il faut se préparer et par rapport à laquelle il faut penser sa stratégie. D'où le soin minutieux à apparaître, radicalement et brutalement là encore, contre le « système ». Son objectif à l'arrivée ? Être celui qui reste face à Marine Le Pen. Il y a dans ce scénario une illusion – caractéristique des forces révolutionnaires à travers l'histoire – et une sous-estimation de la résilience de nos sociétés et de la résistance du système. À ce stade, il faut seulement attendre… Et, si rupture il n'y a pas, il est possible alors de défendre l'idée que la candidature éventuelle de Jean-Luc Mélenchon souffrira exactement des mêmes faiblesses que celle de 2012. Il vise les milieux populaires précarisés, mais il atteint les classes moyennes éduquées et intégrées – par rapport à sa moyenne nationale, son score au premier tour a été supérieur de 3 points chez les salariés de la fonction publique.

Beaucoup, en revanche, n'excluent plus une victoire de Marine Le Pen, et cette hypothèse doit être évaluée avec rigueur – en évitant tout autant la peur panique que l'optimisme béat. En m'appuyant sur les nombreux travaux scientifiques qui existent sur cette question et notamment sur ceux de l'Observatoire des radicalités politiques de la Fondation Jean-Jaurès, j'arrive aux convictions suivantes.

Il y a le revers de la médaille. Marine Le Pen obtiendra un score élevé au premier tour de l'élection présidentielle – sans aucun doute le score le plus élevé jamais atteint par un candidat frontiste, très vraisemblablement supérieur à 20 %, voire à 25 %. Elle peut être en tête. Il est plausible, sinon probable, que Marine Le Pen se qualifie pour le second tour de l'élection présidentielle – disons que le « seuil de qualification » sera suffisamment élevé pour que les deux autres principaux candidats ne soient pas certains de le franchir l'un et l'autre. Cette qualification créerait un choc et une situation politique nouvelle : elle ne serait pas le fruit d'un accident impromptu – comme en 2002 –, mais d'une démission volontaire du camp qui ne se sera pas qualifié. Au second tour, dans ce scénario, le candidat opposé à Marine Le Pen serait loin de répliquer les 80 % obtenus par Jacques Chirac contre Jean-Marie Le Pen.

Mais il y a aussi l'avers de la médaille, que l'on oublie souvent, préférant se concentrer sur ce qui cède et non sur ce qui tient, sur ce qui progresse et non sur ce qui résiste, sur les soutiens et non sur les oppositions. Il y aurait mille et une raisons de défendre le caractère chimérique de la victoire de Marine Le Pen – la plus forte, mais, j'en conviens, la moins robuste, étant sans doute la confiance dans l'intelligence du peuple français. Mais il y a trois arguments qui me paraissent plus solides encore.

D'abord, les Français rejettent fortement Marine Le Pen : avec, en dehors du Front national, près des trois quarts des Français qui en ont une image négative, elle reste la personnalité politique au taux d'opinions défavorables le plus élevé[1].

Ensuite, les Français ne veulent pas du Front national. Il faut lire les enquêtes consacrées à l'évolution de l'image du Front national. Ce parti reste considéré comme un parti différent – et cette différence est négative. Pour n'en donner que deux illustrations – et en se concentrant sur les Français qui ne sont pas sympathisants du Front national –, 68 % d'entre eux considèrent qu'il s'agit d'un parti « dangereux pour la démocratie », 82 % un parti « d'extrême droite »[2].

Enfin, les Français ne veulent pas revenir au franc. L'Union européenne est critiquée, mais le choix de l'euro est massivement soutenu : en dehors du FN, 85 % des Français souhaitent que, dans les années qui viennent, la France reste dans la zone euro. Avec 39 % qui y sont favorables, le soutien est significatif au sein même des sympathisants du Front national – c'est d'ailleurs l'une des rares questions qui les divisent à ce point[3]. Quelle que soit la position qu'adopte finalement Marine Le Pen en 2017 – l'abandon de l'euro ou l'organisation d'un référendum – elle se trouvera en difficulté sur ce terrain-là.

Le moment de l'entre-deux-tour des élections régionales est riche d'enseignements. Même dans les territoires où il est le mieux implanté et même pour la

1. Baromètre Ipsos-*Le Point*, septembre 2015.
2. « Fractures françaises », vague 3, *op. cit.*
3. *Ibid.*

présidence d'un conseil régional, les Français se mobilisent pour s'opposer au Front national.

Marine Le Pen n'a aucune chance d'être élue présidente de la République en 2017 si chacun est à la hauteur de la situation historique que nous traversons.

Les populistes ne l'emporteront pas et il n'y aura donc pas de restructuration de toute notre vie politique autour du clivage « peuple-élite »… sauf à ce que ce soient les élites elles-mêmes qui installent paradoxalement ce clivage.

2

L'illusion élitaire

Dans *Les Rivaux de Painful Gulch*[1], deux familles, les O'Timmins et les O'Hara, se livrent une guerre sans merci depuis des générations. Elles finissent par se réconcilier, épuisées par trop de batailles inutiles, et d'autant plus épuisées qu'elles ne se souviennent même plus des raisons pour lesquelles elles s'affrontent.

Nous sommes touchés par le syndrome des *Rivaux de Painful Gulch.*

Nous sommes les O'Timmins et les O'Hara.

Nous recherchons notre Lucky Luke.

Nous rêvons d'une grande réconciliation.

Nous rêvons d'une grande coalition.

« Union nationale », « gouvernement des meilleurs », on pourrait voir dans ce rêve la réactivation d'un mythe récurrent. Mythe populaire : après les attentats de novembre 2015, 77 % approuvaient la perspective

1. René Goscinny et Morris, *Lucky Luke. Les Rivaux de Painful Gulch*, Dupuis, 1962.

d'un gouvernement d'union nationale[1]. Mais mythe illusoire : quelles que soient les circonstances que notre pays a traversées depuis un siècle, jamais ce rêve populaire n'a pu se transformer en réalité politique – y compris pendant les deux guerres mondiales (même l'Union sacrée proclamée par Raymond Poincaré n'a été qu'un feu de paille).

« La France unie » de François Mitterrand en 1988, « La France en grand, la France ensemble » de Jacques Chirac en 2002, on pourrait voir aussi dans ces slogans circonstanciels la réactivation du mythe. L'appel à l'unité et au rassemblement est un classique des campagnes électorales – un classique tout autant illusoire : il a souvent davantage pour objet de disqualifier un adversaire que pour effet de transcender les clivages. « La France unie » ? Slogan efficace contre Jacques Chirac et les « clans » ; débouché limité avec une série de ralliements individuels sans accord politique. « La France ensemble » ? Slogan astucieux de Jacques Chirac, mais aucun geste d'ouverture vers la gauche en dépit du caractère exceptionnel de son élection.

Le débat actuel s'inscrit dans cette généalogie sans s'y fondre totalement. Il est différent dans son périmètre : il ne s'agit pas de l'union nationale, mais de l'alliance des réformistes. Il est différent, surtout, dans son argumentation, en reposant sur deux idées simples : c'est nécessaire et c'est possible.

1. Sondage Harris Interactive, novembre 2015.

Défense du réformisme

La première idée, c'est que le réformisme est plus que jamais nécessaire.

Nous sommes entrés dans une compétition économique mondiale qui menace la France de déclassement.

De fait, nous sommes les contemporains de mutations que seules quelques (rares) générations vivent réellement. Collés aux événements, nous ne mesurons même plus l'ampleur des bouleversements qui se sont enchaînés en à peine vingt ans.

Bouleversements politiques, avec la chute du mur de Berlin et du monde bipolaire qui a structuré la vision du monde pendant toute la moitié du XXe siècle.

Bouleversements économiques, avec la mondialisation et, pour la première fois en 2014, un PIB des pays émergents qui a dépassé le PIB des pays occidentaux.

Bouleversements climatiques, avec un réchauffement qui va se traduire, dans l'hypothèse où les engagements pris à Paris à l'issue de la COP21 sont respectés, par une augmentation de la température moyenne de deux degrés d'ici la fin du siècle avec des conséquences considérables, que ce soit sur le plan environnemental, humain, social ou financier.

Bouleversements technologiques, avec une révolution numérique qui a transformé à la fois nos modes de production et même notre vie quotidienne à un rythme sans précédent par rapport aux précédentes révolutions technologiques. Pierre Bellanger a ainsi montré que « la performance conjuguée des logiciels et des machines a été multipliée par 43 mille milliards de fois et doublera dans douze mois. Le nombre de machines et d'appareils reliés au réseau est passé de 200 millions en 2000 à 15 milliards en 2015 et sera de 40 milliards en 2020[1] ».

Nous sommes à un point de bascule.

Nous sommes dans un monde de compétition, et les signes du déclassement économique de la France sont inquiétants : depuis 2007, la France se trouve à la dix-huitième place seulement de l'indicateur OCDE du bien-être (qui évalue 36 pays) ; elle vit une baisse de 4 % du PIB par habitant par rapport à la moyenne des pays comparables ; elle connaît un recul de 16 % de sa production industrielle.

L'enjeu, pourtant, n'est pas seulement économique.

Ou, plutôt, de la puissance économique découle de plus en plus la possibilité d'une puissance politique, diplomatique, culturelle.

Et donc, le risque que nous courons est celui du déclassement.

Il y a parfois, dans cette inquiétude, une dimension de nature idéologique que je ne partage pas : c'est ce que l'on pourrait appeler le « parti du déclin ». Le mot « déclin » renvoie intrinsèquement à une idée de perte,

1. Pierre Bellanger, « Enjeux et moyens de notre souveraineté numérique », conférence à l'Institut des hautes études de défense nationale, 13 avril 2015.

de chute, au sentiment que quelque chose approche de sa fin – ce n'est pas faux. Dans le même temps, le « déclin » donne un sentiment d'inéluctabilité, d'un mouvement naturel que l'homme ne saurait enrayer : le jour décline, la beauté aussi... La fatalité n'est jamais loin du déclin – c'est plus contestable. D'ailleurs, les Français, que l'on sait pessimistes, ne sont pas fatalistes. À la question qui leur a été posée sur le déclin, 79 % ont effectivement répondu que la France était en déclin, mais 53 % ont estimé que ce déclin n'était pas irréversible[1].

Au-delà de la perception, deux éléments objectifs fondent la conviction partagée par tous ceux qui plaident pour l'alliance des réformistes : il y a danger et il y a urgence.

Il y a danger.

La place relative, non pas de la France mais des pays développés, ne sera pas la même au XXIe siècle qu'au cours des siècles précédents : nous étions dans une position hégémonique ; nous allons devoir apprendre à partager davantage. C'est acquis et c'est aussi une bonne nouvelle pour qui se place au niveau des valeurs universelles que nous, Français, prétendons promouvoir.

La place relative de la France, par rapport aux pays développés, est menacée lorsque l'on se projette dans un avenir qui n'est pas si lointain. C'est cer-

1. « Fractures françaises », vague 3, *op. cit.*

tain. Jean Pisani-Ferry a montré[1] combien, en l'espace d'une décennie tout au plus, la qualité des politiques publiques pouvait influer sur la situation d'un pays. On peut se redresser : au-delà de l'Allemagne, si souvent citée, les exemples finlandais ou suédois sont également spectaculaires. On peut aussi décrocher.

Il y a urgence.

Lorsque l'on demandait au général Douglas MacArthur quelles étaient les causes des grandes défaites, il répondait en deux mots : *too late.*

Tel est précisément le sentiment des réformistes : il existe une désynchronisation entre le rythme d'évolution du monde et le rythme de réformes de la France. La France serait en quelque sorte « malade de son temps », pour reprendre le titre de l'essai de Guillaume Poitrinal[2].

Cela renvoie par ailleurs à une idée simple : les gouvernements actuels ne permettent pas une action à la hauteur des défis qui sont devant nous, parce que la France est intrinsèquement difficile à réformer et parce que ce sont des gouvernements minoritaires.

Gouvernements minoritaires ?

L'affirmation, s'agissant de la France, peut sembler pour le moins paradoxale : le président de la Répu-

1. Jean Pisani-Ferry, « Quelle France dans dix ans ? Les chantiers de la décennie », rapport au président de la République et au Premier ministre, 25 juin 2014.

2. Guillaume Poitrinal, *Plus vite ! La France malade de son temps*, Grasset, 2012.

blique, en rassemblant plus de 50 % des suffrages exprimés à l'occasion du deuxième tour de l'élection présidentielle, est le seul de tous les leaders des pays du G20 à disposer d'une assise aussi large. Le président des États-Unis n'est pas toujours élu avec une majorité absolue des suffrages – dix-sept présidents des États-Unis ont été élus avec une majorité relative, quand ils n'ont pas obtenu moins de voix que leur adversaire, à l'instar de George W. Bush contre Al Gore en 2000. Les chefs de gouvernement européens sont tous élus avec une majorité relative – Angela Merkel, au faîte de sa puissance en 2014, n'a obtenu que 41,5 % des voix lors des élections fédérales de septembre 2013 et a été contrainte à une grande coalition. À l'inverse, l'élection au suffrage universel direct alliée au symbole du franchissement du seuil de 50 % confère au président français un surcroît de légitimité et de puissance.

L'affirmation, malgré tout, est largement fondée. Avant le second tour, il y a le premier – or, François Mitterrand est depuis quarante ans le seul président français élu, ou plutôt réélu en 1988, après avoir obtenu plus du tiers des suffrages exprimés à l'occasion du premier tour.

Et après le second tour, il y a les élections législatives. Or, si depuis l'adoption du quinquennat les Français ont confirmé leur choix présidentiel, ils s'abstiennent de plus en plus : pas même deux tiers de participation en 2002, à peine plus de 50 % en 2012.

Mais il y a davantage encore.

Politiquement, les présidents de la République en action ne disposent tous que de soutiens minoritaires dans l'opinion. Les opinions négatives l'ont emporté sur les opinions positives sur 90 % des 185 mois testés par TNS-Sofres depuis 2002 !

Socialement, le pouvoir politique, quelle que soit sa couleur et quelle que soit sa méthode, ne dispose jamais de relais syndicaux qui lui permettent d'élargir sa base sociologique – comme on le voit par exemple dans la social-démocratie suédoise.

La leçon que tirent les partisans de l'alliance des réformistes, c'est qu'il est problématique de voir ainsi se succéder des gouvernements minoritaires. Problématique du point de vue du fonctionnement démocratique. Problématique du point de vue de l'efficacité de l'action publique, car, *in fine*, c'est la capacité réformatrice du gouvernement qui est atteinte ; c'est le primat du court-terme qui est renforcé.

L'alliance des réformistes est nécessaire : avec des arguments différents, c'est ce qu'avancent ses promoteurs depuis bien longtemps.

L'élément nouveau, ce sont les arguments tendant à démontrer, c'est la seconde idée, qu'elle est aujourd'hui possible.

Ces arguments trouvent tous leur origine dans l'Europe et en Europe. C'est la preuve par l'exemple, la preuve par le système, la preuve par l'enjeu. Voici la preuve par trois.

Pièce numéro 1 : *la preuve par l'exemple* – ou le développement des grandes coalitions.

Il y a vingt ou trente ans, les pays européens étaient gouvernés par la gauche ou par la droite[1] – telle était la règle.

Les grandes coalitions, rassemblant généralement les démocrates-chrétiens et les sociaux-démocrates, étaient des exceptions généralement liées à des dérèglements institutionnels. Ces dérèglements pouvaient être structurels comme en Belgique – qui a connu très souvent des gouvernements de grande coalition. Ils pouvaient être conjoncturels comme en Allemagne, où, après les élections de 1966 et parce qu'il s'agissait de stopper d'urgence la récession économique, une première grande coalition s'est nouée pendant trois années.

Et puis, à peu près partout, les mêmes dynamiques ont été à l'œuvre. La montée des forces populistes d'un côté et la radicalisation des gauches d'un autre côté ont gelé des pans entiers des représentations parlementaires. Les grands partis traditionnels ont accumulé revers et reculs dans des systèmes institutionnels où, qui plus est, la représentation proportionnelle domine. Pris ensemble, ces mouvements ont débouché sur la constitution de grandes coalitions.

Aujourd'hui, il n'est pas excessif d'affirmer que la situation s'est quasiment inversée : les grandes coalitions constituent la règle et les gouvernements de gauche ou de droite l'exception.

1. Ce qui n'empêchait évidemment pas des coalitions à l'intérieur de chaque camp.

Dans les vingt-huit États membres de l'Union européenne, onze pays sont actuellement en grande coalition et davantage encore l'ont été à un moment ou à un autre depuis dix ans.

Mieux, ces grandes coalitions fonctionnent. Elles durent – il est rare qu'elles n'aillent pas au terme de la législature. Elles réforment – après qu'un accord politique a été négocié entre leurs différentes composantes et en tenant compte du rapport de force issu des urnes.

La France est l'un des rares pays qui ont résisté à cette tendance. Ou, plutôt, elle s'en est seulement approchée, avec cet exercice baroque que constitue la cohabitation. Il serait abusif de confondre cohabitation et coalition. L'une aboutit à un partage du pouvoir selon les dispositions prévues par la Constitution ; l'autre à un pouvoir exercé en commun après un accord politique. Mais l'une et l'autre obligent à des compromis entre forces politiques. Et la cohabitation pourrait servir de prémice et d'argument à l'alliance des réformistes. Elle a fonctionné efficacement, notamment sur l'Europe – l'un des sujets qui nécessitaient des positions communes entre les deux têtes de l'exécutif. Elle a apporté un niveau de soutien populaire aux dirigeants qu'ils n'ont que rarement hors période de cohabitation. Si l'on prend les périodes de cohabitation, 56 % des 111 mois testés se sont soldés par davantage d'opinions positives que négatives pour les présidents de la République en place.

Pièce numéro 2 : *la preuve par le système* – ou comment les institutions européennes obligent à trouver des consensus.

Longtemps, j'ai plaidé, j'ai espéré, j'ai recherché les moindres signaux, même faibles, qui pouvaient venir étayer ma thèse. Cette fois-ci, c'était la bonne. Cette fois-ci, quelque chose avait changé. Cette fois-ci, le clivage gauche-droite allait pénétrer au cœur des institutions européennes. Je l'ai écrit dans des discours, des articles, des conférences. Pour d'autres. Pour moi. Et encore en 2014 dans une tribune pour le *Huffington Post*[1]. Tout cela n'était pas faux : le clivage gauche-droite traverse bien des débats, des oppositions, des conflits que connaissent les institutions européennes. Tout cela n'était pas vain : comme dans un régime parlementaire, les résultats des élections du Parlement européen et le nom du président de la Commission européenne ont été liés. Chacune des grandes familles politiques européennes a désigné un candidat[2], et les électeurs ont fait le reste : le Parti populaire européen est arrivé en tête ; Jean-Claude Juncker a été désigné par les chefs d'État et de gouvernement. Mais tout cela ne doit pas occulter

1. Gilles Finchelstein, « Des clivages : la gauche, la droite, l'Europe… », *Huffington Post*, 21 mai 2014.

2. Le PPE a présenté Jean-Claude Junker, le PSE Martin Schulz, les libéraux de l'ADLE Guy Verhofstadt, l'extrême gauche (GUE/NGL) Alexis Tsipras, les Verts Ska Keller et José Bové. Les partis populistes (Alliance des conservateurs et réformistes européens et Alliance européenne pour la liberté) ont quant à eux refusé de désigner un candidat.

la réalité centrale : c'est l'alliance des réformistes qui fait fonctionner le système européen.

Il s'agit, d'une part, d'une réalité politique. Aucune institution européenne ne peut être gouvernée par la gauche ou par la droite seules. Aucune. Il y a toujours autour de la table du Conseil européen des gouvernements de gauche et des gouvernements de droite – et donc, il y a toujours autour de la table de la Commission européenne des commissaires de gauche et des commissaires de droite. Il y a toujours au Parlement européen une majorité relative en faveur de l'un des deux camps – parce que la représentation proportionnelle est désormais une règle commune[1] et parce que les partis eurosceptiques ou europhobes ont partout progressé.

Pour que les choses changent réellement, que faudrait-il ? Un saut fédéral. Un espace public européen. Tel n'est pas le chemin emprunté aujourd'hui en Europe. Cela ne signifie pas que l'Europe soit politiquement neutre. Elle penche toujours d'un côté – vers la gauche dans la période 1996-2002, vers la droite dans la période actuelle. Mais cela signifie que le compromis ne peut être contourné – même s'il peut être coloré différemment.

1. Le tribunal constitutionnel de Karlsruhe, en Allemagne, a même censuré une loi qui prévoyait un seuil de 3 % – et c'est ainsi qu'un candidat issu d'un parti nazi (Udo Voigt) a été élu après que sa liste a obtenu seulement 1 % des voix.

L'Europe ne se gouverne pas à la majorité, mais au consensus, et il ne s'agit pas seulement d'une réalité politique ; il s'agit aussi d'une réalité culturelle : au-delà de ce que prévoient les textes, il faut en effet analyser ce qu'est la pratique.

Les traités disposent que, au sein du Conseil dc l'Union européenne, il est possible de décider à la majorité dans un très grand nombre de domaines[1]. En pratique, le passage au vote est exceptionnel et les décisions sont prises par consensus. Tout est même fait pour éviter le passage au vote : le règlement intérieur permet de le retarder et le processus pour l'enclencher est pour le moins complexe – il faut soit une initiative du président du Conseil, soit une demande d'un État membre ou de la Commission, mais approuvée par une majorité d'États membres… La crise des réfugiés de l'été 2015 a fourni une illustration *a contrario* de cette culture du consensus. Lorsqu'il s'est agi de répartir les réfugiés entre les États membres, le simple passage au vote – qui signifiait la mise en minorité de quatre pays dont la Hongrie – a été perçu comme un événement. Au final, ce sont sans doute moins de 5 % des décisions du Conseil de l'Union qui sont adoptées après un vote…

Les traités disposent que, au sein de la Commission européenne, il est possible de décider à la majorité pour toutes les décisions. En pratique, la Commission n'est pas seulement une instance collégiale dans sa composition ; elle l'est aussi dans son fonctionnement – ce n'est

1. Excepté notamment les domaines qui touchent à la fiscalité.

pas le président qui décide, ni même une majorité, mais, après un débat, un consensus qui doit émerger.

Les traités disposent que, au sein du Parlement européen, il est obligatoire, comme dans n'importe quel parlement, qu'un texte recueille une majorité pour être adopté. En pratique, l'étude réalisée sur les votes du Parlement européen entre 2009 et 2014 par Yves Bertoncini et Thierry Chopin sur vingt et un textes majeurs montre que 70 % d'entre eux ont été adoptés par des « majorités de consensus » – rassemblant *tous* les partis – ou des « majorités de grande coalition » – rassemblant les élus des « groupes politiques centraux[1] ». Il faut dire que le groupe le plus important, celui du Parti populaire européen, ne compte que 217 parlementaires sur un total de 751.

Cette machine à consensus fonctionne. Mieux, Jean-Claude Juncker, soutenu notamment par François Hollande, est parvenu à faire adopter son plan de relance de l'investissement en un temps record – six mois à peine –, précisément parce qu'il a réussi à créer du consensus en amont même de la décision.

La recherche du consensus, l'alliance des réformistes, tel est le fil rouge de l'histoire de la construction européenne – et ce fil rouge a été renforcé encore par les évolutions politiques nationales qui ont été évoquées.

1. Yves Bertoncini, Thierry Chopin, « Des visages sur des clivages. Les élections européennes de mai 2014 », Fondation Robert-Schuman/Notre Europe/Institut Jacques-Delors, avril 2014.

Pièce numéro trois : *la preuve par l'enjeu* – ou comment la centralité de la question européenne exige et permet de dépasser le clivage gauche-droite.

La question européenne permet de dégager dans l'opinion une majorité dont l'ampleur et les contours sont différents – c'est ce qu'illustrent tous les sondages d'opinion[1].

L'appartenance de la France à l'Union européenne est-elle une bonne ou une mauvaise chose ? Une bonne chose, répondent les deux tiers des sympathisants du Parti socialiste, des Républicains ou du Modem[2] ; une mauvaise chose, à l'inverse, pour 73 % des sympathisants du Front national.

L'Union européenne trace un chemin pour les politiques publiques. Un chemin pour la politique budgétaire. Un chemin pour les politiques économiques. Un chemin pour la réforme de l'État. Elle ne dicte pas tous les choix, mais elle fournit un cadre et des références.

La construction européenne constitue en elle-même un sujet de convergence pour les réformistes autour de l'idée que la zone euro doit être approfondie en cherchant à ce qu'elle soit, comme l'a défendu François Hollande en juillet 2015 après la phase la plus aiguë

1. Les données qui suivent proviennent de la troisième vague de l'enquête « Fractures françaises », *op. cit.*

2. Respectivement 69 %, 68 % et 67 %, pour être précis.

de la crise grecque, à la fois plus démocratique et plus efficace.

Débat sur le chemin du réformisme

Ces arguments sont suffisamment robustes et la situation suffisamment fragile pour réfléchir sans tabou aux conséquences qu'il convient d'en tirer. Et, si l'on veut clarifier le débat, deux stratégies différentes se dessinent : l'alliance entre réformistes des deux bords ou le combat des réformistes à l'intérieur de chaque camp. Je m'explique.

La première stratégie est ce qu'Hubert Védrine a appelé « la coalition pour la réforme[1] ». Elle a la force de la logique. Elle a l'attrait de la nouveauté. Je ne pense pas qu'il faille l'exclure en dernier ressort mais je suis pourtant réservé.

De qui cette coalition serait-elle composée ? Ses contours sont flous et, à l'examen, son casting signe une première limite. Une partie du Parti socialiste ? Un Modem qui a une tête mais plus de jambes ? Une UDI qui n'a ni tête ni jambes ? Une (petite) partie des Républicains ? Il y a peut-être le fantasme d'un triangle Valls-Bayrou-Juppé. Mais tout cela ne fait pas un gouvernement et moins encore une majorité.

1. Hubert Védrine, *La France au défi*, Fayard, 2014, p. 151.

Quel serait le programme de cette coalition ? La possibilité d'un accord programmatique est postulée – comme s'il s'agissait d'une évidence.

Mais le mot « réformiste » est ambigu : il indique une volonté, pas une direction ; il dit le mouvement, pas le contenu.

Et les divergences, si l'on regarde simplement ce que fait le gouvernement de Manuel Valls et ce que propose la droite, sont loin d'être négligeables. Alain Juppé – comme François Fillon ou Nathalie Kosciusko-Morizet d'ailleurs – propose une baisse des dépenses publiques de 100 milliards d'euros – baisse qui viendrait s'ajouter à celle de 50 milliards d'euros réalisée par la gauche. 50 contre 150 (100+50), ces chiffres demeurent abstraits pour les Français. Mais la différence n'est pas mince : cela revient à amputer les dépenses publiques de l'équivalent de la totalité du budget de l'Éducation nationale et de l'Enseignement supérieur réunis. La différence entre les 50 milliards réalisés et les 100 milliards proposés peut s'illustrer ainsi. Il a été possible – difficile, mais possible – de réaliser les premières en rabotant un peu partout ; il ne peut être possible de réaliser les secondes qu'au prix d'un abandon pur et simple de certaines missions. Dans le jargon technocratique, on appelle les premières des réformes « paramétriques » et les secondes des réformes « systémiques ». Ces dernières exigent donc d'aller au-delà d'un chiffre, elles imposent de la transparence, il faut dire où et comment on va procéder, et, alors, bien des divergences peuvent apparaître.

Admettons que ces divergences, pour réelles qu'elles soient, ne soient pas insurmontables – ou, en tout cas, pas plus insurmontables que celles qui existaient dans les autres pays avant que des compromis soient trouvés.

Quel est alors le chemin pour constituer une telle coalition ? Il n'y en a qu'un : une réforme radicale du mode de scrutin législatif – comme l'ont excellemment théorisé Jean-Louis Bourlanges, Élie Cohen et Gérard Grunberg[1].

Selon une formule traditionnelle, la sagesse des institutions doit contrecarrer la folie des hommes. Là, par un curieux paradoxe, il faudrait faire basculer les institutions dans la folie pour que les hommes trouvent la sagesse. L'alliance des réformistes ne se fera en effet ni naturellement ni spontanément. Elle ne peut venir que de la volonté d'un président de la République et d'une situation politique bien précise : l'absence de majorité absolue pour l'un des grands partis. Elle suppose donc un changement de mode de scrutin pour les élections législatives, et un changement complet : une « dose » de proportionnelle ne serait pas suffisante ; il faudrait – comme le propose la mission conduite par Claude Bartolone et Michel Winock[2] – que la moitié, voire la totalité des députés soient élus à la repré-

1. Jean-Louis Bourlanges, Élie Cohen, Gérard Grunberg, « Réformer la loi électorale », novembre 2015 : www.telos-ue.com

2. Claude Bartolone, Michel Winock, « Refaire la démocratie », rapport du groupe de travail sur l'avenir des institutions, octobre 2015.

sentation proportionnelle. Aucun parti n'aurait alors la majorité absolue ; l'alliance des réformistes, avec la recomposition qu'elle suppose, pourrait devenir une option sérieuse.

Quel est alors le problème ?

Soit l'alliance des réformistes est conçue comme un état temporaire qui correspond à ce moment particulier que traverse notre pays. Mais l'instauration de la représentation proportionnelle intégrale peut avoir des effets institutionnels et politiques durables. On aurait alors troqué quelques années de rassemblement pour de nombreuses années d'instabilité.

Soit l'alliance des réformistes est conçue comme un état durable qui traduit une nouvelle phase de l'évolution de la vie politique. Mais il ne peut y avoir de démocratie sans alternance ni de gouvernement sans le peuple.

Démocratie sans alternance, qu'est-ce à dire ?

L'alliance des deux ou trois principales forces centrales ressemble férocement à une formule politique que la France a déjà éprouvée. C'était sous la IVe République, entre 1946 et 1958. Cela s'appelait la Troisième Force. L'alliance de ceux qui en étaient exclus était impossible. L'alternance elle-même s'en est trouvée *de facto* interdite. Les élections n'ont plus alors servi qu'à modifier le rapport de force interne à ceux qui dirigeaient inéluctablement le pays.

Gouvernement sans le peuple ou, pour être plus rigoureux, gouvernement sans les milieux populaires, qu'est-ce à dire ? L'alliance des réformistes a une force : elle fait la politique de sa sociologie, elle est cohérente avec sa base électorale. Mais c'est aussi sa faiblesse : elle serait ressentie par les milieux populaires comme une étape supplémentaire de leur marginalisation du jeu démocratique. Elle serait l'installation paradoxale du clivage peuple-élite par les élites elles-mêmes !

En définitive, la coalition des réformistes risque de n'être qu'une chimère. La lecture du livre de dialogues entre Alain Juppé et Michel Rocard[1] montre bien l'impasse de cette stratégie. Deux hommes qui s'estiment. Deux modérés. Deux hommes qui ont travaillé ensemble en co-présidant la commission pour le grand emprunt. Deux hommes qui dialoguent sans enjeu – nous sommes alors en 2011. Mais deux hommes qui convergent aussi pour estimer que jamais ils ne gouverneront ensemble.

Voilà pourquoi je privilégie la seconde stratégie : le combat des réformistes pour conquérir l'hégémonie chacun dans leur propre camp.

Tel n'est pas le cas aujourd'hui, alors que les radicaux de chaque camp réussissent, à gauche comme à droite, à hypertrophier leur poids et leur influence. Parce que, convaincus d'incarner la raison triomphante, les réformistes de chaque camp n'ont jamais véritable-

1. Alain Juppé, Michel Rocard et Bernard Guetta, *La Politique telle qu'elle meurt de ne pas être*, Jean-Claude Lattès, 2011.

ment mené le combat, à la fois idéologique, politique et militant, pour réduire leurs adversaires internes.

Telle est d'ailleurs sans doute l'une des leçons les plus intéressantes qui peuvent être tirées de l'expérience de Tony Blair – quel que soit le jugement que l'on porte sur les ombres et les lumières de son bilan. De la conquête du leadership du Labour jusqu'à la fin de l'exercice du pouvoir au 10, Downing Street, celui-ci n'a jamais négligé l'importance de la bataille culturelle[1] – il a été présenté comme un pragmatique, il était en réalité un idéologue, au sens positif du mot.

La victoire des réformistes dans chaque camp n'est pas suffisante. Il faudra aussi vivre autrement le clivage gauche-droite.

Chaque début de mandat commence généralement par l'engagement d'une opposition « constructive » ; et puis, aussi invariablement, on passe à une opposition irrépressible. On commence par affirmer vouloir adopter des positions « au cas par cas » ; on finit par adopter des positions automatiques. On commence par analyser le contenu des textes ; on finit par se contenter de l'identité de leur auteur.

Il y a toujours un argument pour s'opposer à un texte que l'on approuve. Le moment : c'est trop tard

1. La victoire écrasante de Jeremy Corbyn pour le leadership du Parti travailliste a montré, en contrepoint, que cette bataille culturelle n'est jamais définitivement gagnée.

– ou c'est trop tôt. Un détail : l'essentiel du texte est bon, mais il y a une mesure qui, vraiment, n'est pas acceptable et emporte tout le reste – « donnez-moi un os, j'en ferai un diplodocus », disait une journaliste américaine à propos d'un petit événement qu'elle devait monter en « une ». Le contexte : le problème n'est pas ce qu'il y a dans le texte, mais ce qu'il n'y a pas – on peut ainsi être d'accord avec toutes les parties, mais pas avec le tout. La chorégraphie a des variantes, mais les figures ne sont pas illimitées…

La loi sur la croissance et l'activité – la « loi Macron » – a illustré à la fois la difficulté de constituer concrètement l'alliance des réformistes et la prégnance d'une vision caricaturale du débat gauche-droite. D'un côté, une qualité de dialogue que l'on trouve rarement dans le débat parlementaire – et même une ouverture aux amendements de l'opposition que l'on trouve plus rarement encore. D'un autre côté, pour l'essentiel, l'accord avec le texte débouche sur un vote contre le texte – ce qu'Emmanuel Macron a qualifié de « bovarysme parlementaire »… Les francs-tireurs prêts à discuter avec le gouvernement sont valorisés dans le débat médiatique, mais, à la fin, tout revient dans l'ordre. On pense à la formule de Disraeli à un jeune député lui faisant part de ses doutes sur le vote d'un texte : « Vous voterez avec votre groupe comme un gentleman et non avec vos convictions comme un voyou. » Et, ainsi, la majorité prend d'autant plus rarement le risque d'engager un dialogue avec l'opposition que celle-ci ne prend pas le risque de l'accepter.

Il ne fait pourtant guère de doute que non seulement l'intérêt général, mais les partis eux-mêmes gagneraient à une autre pratique. Un bon état d'esprit. Un bon timing. Un bon sujet. Il suffirait de presque rien pour que l'on y arrive.

Enfin, peut-être faudra-t-il réfléchir au délimité de la frontière entre la droite et la gauche.

La question qui est posée est en apparence simple, voire tautologique : il s'agit de savoir si se constitue une majorité présidentielle à l'occasion de l'élection présidentielle. Si tel était le cas, feraient partie de cette majorité présidentielle *a minima* ceux qui ont appelé à voter pour le candidat élu – voire, *a maxima*, ceux qui proposent d'apporter leur concours après l'élection elle-même.

Or, si l'on analyse rétrospectivement à cette aune les deux dernières élections présidentielles, les différences semblent considérables.

En 2007, Nicolas Sarkozy a élargi au-delà de la majorité présidentielle en appelant au gouvernement des personnalités qui n'avaient pas appelé à voter pour lui.

En 2012, François Hollande est resté en deçà de la majorité présidentielle en ne soutenant pas François Bayrou aux élections législatives – estimant sans doute que le coût de court terme était élevé en raison de l'opposition de Martine Aubry, alors première secrétaire du Parti socialiste, mais que l'opportunité de moyen terme demeurait et que l'ouverture pourrait se faire dans un second temps du quinquennat.

Au-delà de ces différences, il existe pourtant un point commun entre ces deux élections : aucune n'a donné lieu à une recomposition politique. Pour y parvenir, le plus utile est d'inventer une nouvelle offre politique susceptible de recréer une dynamique.

Résumons : les populistes ne l'emporteront pas et les réformistes ne s'allieront pas. Le clivage peuple-élite ne restructurera pas à lui seul le champ politique, mais il coexistera avec le clivage gauche-droite. Comment et autour de quoi le débat public va-t-il alors se structurer ?

Réflexions sur la démocratie
(6) Expérience

« Il en a fallu, des efforts, pour passer de Gramsci à Gucci », écrivait Régis Debray il y a quelques années[1]. Sous l'*imperium* du premier, la politique était tout. La France se définissait comme le pays de la passion politique. À l'ère du second, la politique ne serait plus rien. La France, comme les autres, plus que les autres, se verrait atteinte par la dépolitisation. Et la démocratie serait touchée par la dévitalisation.

Cette vision est simple – trop simple.

Ce qui a fondamentalement changé, c'est moins le niveau de politisation que le mode de politisation.

Hier, la politisation était *idéologique*. Elle se nourrissait de croyances collectives, de références communes, d'histoires familiales, de concepts abstraits, de ce qu'Edgar Morin a appelé des « maîtres mots ». Cette politisation-là a vécu.

1. Régis Debray, *Sur le pont d'Avignon*, Flammarion, 2005.

Aujourd'hui, une nouvelle forme de politisation s'y est largement substituée, et cette politisation est *biographique* – elle trouve sa source dans l'expérience individuelle.

Qu'est-ce que cela veut dire ?

Comme l'ont montré Alain Mergier et Philippe Guibert dans *Le Descenseur social*[1], c'est à partir d'événements – issus de la vie quotidienne ou vus à la télévision – que se développent les réactions et que se forgent les convictions.

On retrouve ainsi, sur le terrain politique, un phénomène qui avait été mis au jour il y a quelques années sur le terrain social. Dans *Le Nouvel Âge des inégalités*[2], Pierre Rosanvallon et Jean-Paul Fitoussi avaient en effet expliqué que les inégalités trouvaient désormais autant leur origine dans la biographie – les événements de la vie de chacun, et notamment les ruptures – que dans la sociologie – les classes sociales ou la localisation géographique.

Désormais, c'est moins l'idéologie collective que l'expérience individuelle qui importe.

1. *Op. cit.*

2. Jean-Paul Fitoussi, Pierre Rosanvallon, *Le Nouvel Âge des inégalités*, Seuil, 1996.

Réflexions sur la démocratie (7) Questions

Nos démocraties connaissent donc deux évolutions majeures : elles ne sont plus structurées par un clivage central ; elles sont moins travaillées par l'idéologie – tout du moins en apparence.

Penser que le débat public n'est plus structuré par rien à l'heure de ce nouvel âge de la démocratie serait néanmoins une erreur funeste.

Savoir autour de quoi il peut se structurer est une question ouverte.

Ma conviction : si ce ne peut plus être sur un clivage, ce sera sur une question, voire sur plusieurs questions – ce que les Anglo-Saxons appellent une « issue ». Et cette question devra à la fois être suffisamment concrète pour faire écho à l'expérience de chacun et suffisamment abstraite pour susciter un débat en généralités.

Une question n'est pas un clivage. On ne peut être à la fois homme et femme, jeune et vieux ou de gauche et de droite. On peut en revanche être attaché à la fois à la liberté, à l'égalité, à l'identité. Une question peut se déployer dans bien des champs – l'économie et le social, le régalien et le sociétal, etc. Une question peut être posée de bien des manières – c'est ce que les sociologues appellent l'effet de « cadrage ». Une question peut déboucher sur bien des propositions.

Les questions constituent les objets politiques d'aujourd'hui et, parmi ces questions, lorsque je regarde l'évolution du débat public, en France comme ailleurs, je constate qu'il y en a deux qui s'imposent : l'égalité et l'identité.

Troisième partie

Égalité-identité

Égalité-identité

Et la liberté ?
Et la liberté, alors ?
Comment !
Dans la situation actuelle, la liberté ne serait-elle pas l'enjeu central du débat public ?

Je crois que la question de la liberté est de retour et qu'elle est d'une brûlante actualité.

La question de la liberté est de retour dans le monde. Il y a l'inquiétante progression et l'abominable sauvagerie de Daesh. Il y a, dans tant de pays, tant de contrepoints à la thèse de Francis Fukuyama prédisant la victoire universelle de la « démocratie de marché » dans une nouvelle fin de l'Histoire[1].

La question de la liberté est de retour également en France.

Il y a, en premier lieu, la question de la liberté économique. L'équilibre qui avait été trouvé est remis en cause. La mondialisation renforce la demande de liberté économique, que ce soit dans une Europe, pour

1. *La Fin de l'Histoire et le Dernier Homme*, *op. cit.*

reprendre la célèbre formule d'Angela Merkel, qui « représente 7 % de la population, 25 % du PIB et 50 % des dépenses de protection sociale » ou dans une France dont tout le monde ou presque convient qu'elle dispose de quelques marges pour diminuer ses dépenses publiques et simplifier ses réglementations.

Il y a, en deuxième lieu, la question de la liberté politique – ou d'une certaine conception de la démocratie. Au cours des trois ou quatre dernières décennies, notre conception et notre pratique de la démocratie ont beaucoup évolué. Elles ont emprunté au modèle américain, avec la montée des contre-pouvoirs – et notamment de la jurisprudence du Conseil constitutionnel, de la Cour de justice de l'Union européenne ou de la Cour européenne des droits de l'homme. Elles ont emprunté au modèle latino-américain, avec l'irruption de la démocratie consultative et participative. Elles ont emprunté au modèle scandinave, avec la progression de la transparence – qu'il s'agisse des données publiques, des documents administratifs ou du patrimoine des élus.

Il y a, en troisième lieu, la question de la liberté individuelle. Là encore, un équilibre avait été trouvé et est remis en cause. La montée du terrorisme impose de réévaluer l'équilibre entre liberté et sécurité – les réactions des Français aux attentats de novembre 2015, et notamment le large assentiment à l'instauration et à la prolongation de l'état d'urgence, montrent qu'ils peuvent aller loin dans cette voie. La percée du numérique, de manière plus insidieuse, fragilise la liberté individuelle, non seulement en exposant la vie privée ou en exploitant les données personnelles, mais aussi en soumettant les citoyens à des clauses et à des juridictions dont ils n'ont aucune idée. Pierre Bellanger va même jusqu'à affirmer que cette menace pour nos libertés individuelles « n'a de parallèle que l'invasion d'un pays et le transfert des fichiers de personnes à une puissance étrangère[1] ».

La question de la liberté peut mobiliser de manière spectaculaire – davantage sans doute qu'aucune autre question : on l'a vu après les attentats de janvier 2015. Elle reste, pour les Français, une valeur cardinale : 99 % d'entre eux la jugent « importante », dont 80 % « très importante »[2].

Pour autant, je ne crois pas que la liberté puisse structurer le débat public en 2017 – le problème relève à la fois de l'offre et de la demande.

D'une part, du côté de l'offre, ni la gauche ni la droite n'ont choisi de faire de la liberté leur étendard. À l'exception peut-être d'Emmanuel Macron d'un côté, qui n'est pas candidat. À l'exception aussi de Nathalie Kosciusko-Morizet ou de François Fillon[3], d'un autre côté, mais qui n'ont guère de chance d'être désignés. Le temps où Nicolas Sarkozy affirmait vouloir une « société de liberté et de responsabilité[4] » est révolu. Et le choix de rebaptiser l'UMP « Les Républicains » et

1. Pierre Bellanger, *La Souveraineté numérique*, Stock, 2014.

2. « Fractures françaises », vague 3, *op. cit.*

3. François Fillon a écrit dans son dernier livre : « Si je dois résumer mon projet en un mot, je choisis : liberté », *Faire*, Albin Michel, 2015.

4. Nicolas Sarkozy, discours à Saint-Quentin, le 24 mars 2009.

pas « Les Libéraux » est tout sauf anodin. À droite, on murmurera « liberté, liberté » et on scandera « identité, identité »…

D'autre part, du côté de la demande, la société française ne considère pas réellement les questions relatives à la liberté politique ou aux libertés numériques comme des enjeux majeurs.

Quant aux autres questions – la liberté économique ou la liberté religieuse –, elles sont profondément imbriquées dans les questions d'égalité et d'identité sur lesquelles je vais revenir.

En définitive, à moins qu'une actualité dramatique ne l'impose à nouveau pendant la campagne, le débat public ne se structurera pas autour de la question de la liberté, car elle recèle une charge émotionnelle intense mais seulement intermittente.

Restent donc l'égalité et l'identité – je n'écris pas l'égalité ou l'identité car il s'agit d'une fausse alternative.

1

La fausse alternative

Égalité ou identité.

Voilà donc les pôles du débat.

On peut être tenté de minorer l'un ou l'autre. Erreur !

On peut être tenté de dissocier l'un de l'autre. Erreur encore !

On peut être tenté de ne penser que l'un ou l'autre. Erreur toujours !

Il s'agit de deux problèmes réels, et de deux questions liées.

Deux problèmes réels

L'égalité et l'identité sont deux questions qui taraudent les peuples.

Deux questions qui se trouvent au cœur de tous les débats dans tous les pays.

L'égalité ? Une enquête internationale menée par le Pew Research Center au printemps 2014[1] montrait que le fossé entre les riches et les pauvres était consi-

1. « Spring 2014 Global Attitudes Survey », Q23c, Pew Research Center.

déré comme un « grand problème » par une majorité de la population dans chacun des quarante-quatre pays interrogés – la France, avec 60 % répondant que c'était un « très grand problème », se situait parmi les pays développés les plus sensibles aux inégalités. Et un sondage réalisé par le World Economic Forum en novembre 2014[1] montrait que les 1 767 leaders internationaux interrogés plaçaient eux-mêmes les inégalités de revenus en tête des enjeux que devait relever le monde en 2015.

L'identité ? Les deux vagues de l'Eurobaromètre publiées en 2015[2] mettent en lumière une évolution spectaculaire. À l'été 2015, l'immigration – au cœur de la question de l'identité – était devenue la première préoccupation des Européens. Avec 38 % en moyenne, elle devançait de 11 points la deuxième préoccupation – la situation économique. En progression de 14 points par rapport à l'automne 2014, elle était en tête dans vingt des vingt-huit États membres – dont la France. À la fin de l'année 2015, le phénomène s'amplifie. Avec 58 %, l'immigration écrase désormais toutes les autres préoccupations : elle est en tête dans tous les États membres (à la seule exception du Portugal) ; elle devance de 33 points le terrorisme, qui devient la deuxième préoccupation.

1. « Outlook on the Global Agenda 2015 », World Economic Forum, 2014.

2. « Eurobaromètre Standard », n° 83 et 84, sondage réalisé dans les 28 États membres de l'Union européenne par TNS opinion & social.

Mais l'égalité et l'identité ne sont pas seulement des questions de représentations, ce sont des questions concrètes.

L'égalité ? Au cours de certaines périodes historiques – rares –, un mélange d'institutions publiques, de mécanismes juridiques, d'état d'esprit, a permis de réduire les inégalités. L'optimisme et la confiance y étaient suffisamment robustes pour que soit théorisée en 1955 par l'économiste Simon Kuznets l'idée que les inégalités étaient appelées à dessiner une « courbe en cloche » ou en « U inversé » – c'est-à-dire à décroître après avoir crû.

Dans quelle période historique sommes-nous ? En d'autres termes, est-il plus ou moins légitime qu'hier de se préoccuper de l'évolution des inégalités ?

D'un côté, et contrairement à la vision qu'en ont majoritairement les Français, la mondialisation a permis de réduire spectaculairement les inégalités entre les pays – notamment entre les pays riches et les pays pauvres. François Bourguignon a qualifié de « retournement historique[1] » ce à quoi nous avons assisté depuis le début des années quatre-vingt et qui peut se résumer simplement : au niveau mondial, l'écart entre les 10 % les plus riches et les 10 % les plus pauvres a autant diminué entre 1980 et 2000 qu'il avait augmenté entre 1820 et 1980. Résultat : en un siècle, la population mondiale devant survivre en situation

1. François Bourguignon, *La Mondialisation de l'inégalité*, Seuil, coll. « La République des idées », 2012.

de « pauvreté extrême » – c'est-à-dire avec des revenus inférieurs à 1 euro par jour – est passée de 70 % à moins de 20 %.

D'un autre côté, les inégalités à l'intérieur des pays ont augmenté – dans des proportions d'ailleurs très différentes d'un pays à un autre, démentant ainsi la pertinence de toute vision mécaniste de l'économie. En Chine, les inégalités ont explosé – il y a quelques années, je m'étais réjoui d'être invité à participer à un séminaire sur « la mondialisation et les inégalités », jusqu'à ce que je comprenne que la montée des inégalités n'était pas pour les autorités communistes chinoises un problème social, mais un problème d'ordre public... Aux États-Unis, Thomas Piketty a montré que les inégalités avaient retrouvé en quelques années à peine leurs niveaux, vertigineux, du début du XXe siècle[1] – et que, pis encore, la période actuelle se caractérisait par une concentration de la richesse non pas chez les 10 % les plus riches, non pas chez les 1 % les plus riches, non pas chez les 0,1 %, mais chez les... 0,01 % les plus riches. En France, l'évolution a été plus modérée : les inégalités ont augmenté depuis le début des années 2000 – mais moins qu'ailleurs – et elles commencent à diminuer depuis 2012 – mais faiblement. L'Insee a ainsi publié une étude en septembre 2015 montrant que, pour la première fois depuis de nombreuses années, et alors même que les mesures adoptées depuis l'arrivée de la gauche au pouvoir n'étaient pas encore toutes prises en compte, les inégalités repartaient à la

1. Thomas Piketty, *Le Capital au XXIe siècle*, Seuil, 2013.

baisse – qu'il s'agisse du taux de pauvreté ou de l'indice de Gini qui mesure l'inégalité des revenus, des salaires et des niveaux de vie.

Pour autant, si l'on ne regarde pas seulement l'évolution mais la situation des inégalités, on mesure que ce combat n'est pas derrière mais devant nous. La pauvreté ? Au niveau mondial, il demeure trois milliards de femmes et d'hommes – soit quasiment la moitié de l'humanité – qui vivent avec moins de deux dollars par jour. En France 8,5 millions de femmes et d'hommes vivent en dessous du seuil de pauvreté[1]. Les écarts de richesse ? Joseph Stiglitz a usé d'une image assez efficace pour illustrer l'ampleur des inégalités : si l'on mettait les quatre-vingts personnes les plus riches de la planète dans un bus, celui-ci contiendrait une fortune équivalente à celle cumulée de la moitié la plus pauvre de la planète[2]... Avec 107 milliards d'euros, les six familles les plus fortunées de France possèdent autant que les 30 % les plus pauvres. Bref, la question sociale n'est pas épuisée.

L'identité ?

Il existe évidemment un lien entre les mouvements migratoires et les interrogations identitaires.

Aussi, la question de l'identité est, comme celle de l'égalité, devant nous.

1. Si l'on prend en compte l'une des deux mesures du seuil de pauvreté, c'est-à-dire 60 % du niveau de vie médian.

2. Données issues de « Working for The Few », Oxfam International, janvier 2014.

Si l'on s'attache à la décennie écoulée dans notre pays, l'immigration n'a connu qu'une « augmentation modérée », pour reprendre la formule utilisée par l'Insee dans une note d'octobre 2015[1] qui est venue contrarier bien des idées reçues. Non seulement les étrangers représentent moins de 9 % de la population résidant en France, mais le niveau du solde migratoire lui-même se réduit. Pourquoi ? Parce que – et c'est là l'apport de cette étude – un solde est constitué d'entrées et de sorties ; or, les sorties, sans doute liées à des mobilités professionnelles de courte durée, augmentent dans des proportions insoupçonnées : elles étaient de 29 000 en 2006 et de 95 000 en 2013.

Si l'on s'attache maintenant aux décennies à venir dans le monde, l'ampleur du mouvement est incertaine, mais son sens ne fait aucun doute : les migrations vont augmenter considérablement. Différences de revenus, conflits locaux, urbanisation massive, divergences démographiques, réchauffement climatique, les causes sont connues – certaines sont nouvelles et, comme le réchauffement climatique, peuvent être à l'origine de plusieurs centaines de millions de migrants. Il y aura pour l'essentiel des déplacements internes à chaque pays. Il y aura aussi des migrations externes – qui seront bien davantage qu'auparavant des migrations Sud-Sud. Mais nous, Européens et Français, connaîtrons une pression migratoire croissante.

1. « L'analyse des flux migratoires entre la France et l'étranger entre 2006 et 2013. Un accroissement des mobilités », Insee Analyses, n° 22, octobre 2015.

Parce qu'il n'existe pas une zone dans le monde dans laquelle existent des écarts de revenus aussi forts à une distance aussi faible – 14 kilomètres séparent les deux rives de la Méditerranée. Parce qu'il est de l'intérêt des pays européens, pour leur rayonnement, d'attirer les étudiants étrangers – Jean Pisani-Ferry a ainsi proposé que la France s'aligne sur les objectifs affichés par l'Allemagne et le Royaume-Uni et accueille ainsi 200 000 étudiants étrangers supplémentaires par an[1]. Parce que la population européenne vieillit – l'Allemagne devrait perdre six millions d'actifs dans les décennie à venir, et ce vieillissement ne pose pas seulement le problème de la diminution de la population globale, il pose aussi celui de la structure de la population et donc du financement des retraites comme de l'assurance-maladie ou du dynamisme de l'économie, de l'investissement et de l'innovation.

Tout converge donc : la crise que doit affronter l'Union européenne, avec notamment l'afflux de réfugiés syriens, n'est qu'un prélude, et la question migratoire est devant nous.

Deux questions liées

En commençant cet essai, je privilégiais l'hypothèse d'une opposition radicale entre l'égalité et l'identité. En l'achevant, quelques mois plus tard, je suis frappé par le paradoxe suivant : les deux questions sont, au

1. « Quelle France dans dix ans ? », *op. cit.*

contraire, inextricablement liées, et les partis politiques sont incroyablement hémiplégiques.

Non seulement il existe un lien entre égalité et identité, mais, mieux encore, le lien est à double sens.

D'un côté, pour que l'égalité soit désirable, pas nécessairement désirée mais au moins désirable, il faut qu'elle s'appuie sur une identité partagée.

Au motif, ou au prétexte, qu'il n'y a plus d'identité partagée, l'égalité et la solidarité reculent.

C'est ainsi que l'on peut comprendre la progression du désir de solidarité élective – « je veux choisir qui va bénéficier de mes impôts » ou, variante d'une même idée, « je veux payer moins d'impôts pour pouvoir faire des dons à une association ou à une fondation ».

C'est ainsi que l'on peut analyser le mouvement de fragmentation des nations et la montée des régionalismes – voire des indépendantismes. Laurent Davezies a appelé ce mouvement « la mondialisation égoïste », parce qu'aux causes identitaires traditionnelles s'ajoute le fait – nouveau – que « les régions riches ne veulent plus payer pour leurs voisines pauvres[1] ».

C'est ainsi enfin que l'on peut interpréter les résultats effrayants de l'étude réalisée par l'Institut Montaigne sur les discriminations à l'embauche. À cause d'une identité supposément différente fleurissent des inégalités au travers de discriminations. À niveau de formation égal, une personne catholique pratiquante

1. Laurent Davezies, *Le Nouvel Égoïsme territorial*, Seuil, coll. « La République des idées », 2015, p. 7.

a 30 % de chances supplémentaires d'obtenir un entretien d'embauche qu'une personne de confession juive, et 100 % de chances en plus d'être contactée qu'une personne de confession musulmane. L'enquête montre aussi que la discrimination à l'égard des musulmans pratiquants est marquée par une forte variation en fonction du sexe du candidat. Le taux de réponse des candidates catholiques est 40 % supérieur à celui des candidates musulmanes et le taux de réponse des hommes catholiques est quatre fois supérieur à celui des hommes musulmans[1].

Contrairement à ce que pense une partie de la gauche, il y donc bien une relation entre égalité et identité.

Mais, contrairement à ce que pense une partie de la droite, cette relation n'est pas à sens unique : d'un autre côté, l'égalité crée aussi de l'identité.

Ou, pour dire les choses autrement, la solidarité sociale est un ciment de l'identité nationale.

Notre système de protection sociale, dans sa philosophie et ses modalités mêmes, ne vise pas seulement à garantir contre la survenue de risques comme le chômage, la maladie ou la vieillesse ; il vise à souder la communauté nationale. Ce sont les mécanismes

1. L'appartenance religieuse des candidats était donnée par trois informations sur leur CV : le prénom, la langue maternelle ou le collège confessionnel où ils ont obtenu le brevet des collèges et l'association de scoutisme où ils encadrent des jeunes. Cf. Marie-Anne Valfort, « Discriminations religieuses à l'embauche : une réalité », Institut Montaigne, octobre 2015.

de lutte contre la pauvreté au travers des minima sociaux, ou de mutualisation des risques, notamment pour la maladie. Ce sont les mécanismes de solidarité intergénérationnelle, avec le choix d'une retraite par répartition. Techniquement, d'autres choix auraient été possibles. Philosophiquement, aucun autre choix n'aurait contribué à ce point à la constitution de l'identité de la France.

Résultat ? Lorsque l'on interroge les Français sur « les éléments constitutifs de l'identité nationale », le modèle social fait partie des trois dimensions les plus plébiscitées – après la langue et la République[1]. L'égalité crée de l'identité.

Le problème, c'est que ni la gauche ni la droite ne semblent convaincues qu'il s'agit de deux problèmes réels et de deux questions inextricablement liées. Elles sont en effet l'une comme l'autre hémiplégiques.

Une hémiplégie partagée

À droite ? L'égalité a disparu. Sur cette question davantage encore que sur les autres, c'est « droite, année zéro » – pour reprendre le titre de l'essai de Jean-Louis Bourlanges[2].

L'électorat de droite n'accorde pas la même priorité à l'égalité que l'électorat de gauche – il n'en a

1. « Les Français et l'identité nationale », sondage CSA pour *Le Parisien*, 2009.

2. Jean-Louis Bourlanges, *Droite, année zéro*, Flammarion, 1988.

d'ailleurs pas la même vision. Mais il serait erroné de penser qu'il y est indifférent. 73 % des sympathisants des Républicains considèrent que la place accordée à l'égalité par un acteur politique est importante dans leur choix[1].

Or, les partis de droite ont peu à peu abandonné le terrain. Chez les gaullistes ? Il y a eu un « courant » qualifié « de gauche » qui développait une sensibilité sociale – on peut estimer que Philippe Séguin en a été le dernier représentant. Il y a des « moments » sociaux – du « travaillisme à la française » qu'il voulait incarner en 1976 à « la fracture sociale » qu'il voulait réduire en 1995, le parcours de Jacques Chirac en est une bonne illustration. Chez les « non-gaullistes » ? Il y a eu un parti, le Centre des démocrates sociaux (CDS), qui, avec Pierre Méhaignerie notamment, était attaché à la préservation de notre modèle social.

Et aujourd'hui ?

Aujourd'hui, rien.

Symboliquement, c'est l'hyper droitier Laurent Wauquiez qui a pris la relève du modéré humaniste Jacques Barrot dans le Puy-de-Dôme.

Stratégiquement, c'est en mettant l'accent sur la liberté que, à des degrés divers de libéralisme, François Fillon comme Alain Juppé veulent se démarquer de Nicolas Sarkozy – un Nicolas Sarkozy dont deux discours peuvent être relus comme autant de repères de son évolution.

1. « Les Français et l'état des inégalités dans la société », sondage IFOP pour la Fondation Jean-Jaurès, 2015.

Le premier est le discours prononcé à Toulouse le 12 avril 2007, à dix jours du premier tour de l'élection présidentielle. Sarkozy y fait l'éloge de la gauche de Jaurès et de Blum[1] pour mieux critiquer celle de Royal et de Hollande. Il se veut alors le défenseur légitime de notre modèle social et des luttes qui l'ont précédé. Il revendique « l'héritage du droit du travail, des congés payés, de la Sécurité sociale, de l'assurance chômage ».

Huit ans plus tard, dans le discours fondateur de son parti, et alors même que celui-ci s'appelle « Les Républicains », les mots « égalité », « justice » et « solidarité » ne sont quasiment pas prononcés – et, lorsqu'ils le sont, c'est pour servir de repoussoir en assimilant mécaniquement égalité et égalitarisme.

À gauche ? L'hémiplégie est symétrique de celle de la droite : elle ne porte pas sur l'égalité, mais sur l'identité. L'identité est un impensé.

Cette situation est d'autant plus inexplicable que la gauche et la nation ont été inextricablement liées lors de la période révolutionnaire. Un siècle plus tard, au-delà de nombre de ses discours, un épisode illustre l'attachement de Jaurès à la nation : le 11 mai 1907, à la Chambre des députés, irrité par l'ardeur des antimilitaristes et des anarchistes à défendre le droit de déserter, il évoque « le devoir essentiel de tout citoyen de

1. Vingt-cinq années d'expérience politique me permettent d'avancer le théorème suivant : pour la droite française, un bon socialiste est soit mort, soit étranger…

défendre, contre toute agression, la liberté inviolable de la nation ».

Socialistes et communistes se sont de fait largement engagés pour défendre la nation lorsqu'elle a été menacée, notamment dans la Résistance. Mais, depuis plusieurs décennies maintenant, la gauche, à quelques notables exceptions près, a choisi de minorer l'enjeu de l'identité.

Dans son rapport au débat sur l'identité, elle nage en plein paradoxe. D'un côté, elle redoute les conséquences d'un débat sur l'identité dont elle serait absente. François Hollande, dans son discours d'inauguration du musée de l'Histoire de l'Immigration[1], a reconnu que certains se posaient des questions « sur l'avenir de notre identité » et a souligné qu'il « ne fallait pas laisser la place » – c'est-à-dire abandonner le terrain. Mieux, il a su trouver les mots pour fustiger « ceux qui rêvent d'une France en petit, d'une France du dépit, d'une France du repli, d'une France qui ne serait plus la France ». Mais, d'un autre côté, la gauche évite le sujet. Elle est gênée lorsque Ségolène Royal, pendant la campagne présidentielle de 2007, insiste sur la nécessité d'être « clairs sur notre identité » et plaide pour la possession par chaque Français du drapeau tricolore. Il est trop tôt pour savoir si les attentats de novembre 2015 vont durablement modifier cette situation mais cela faisait plus de soixante-dix ans que la gauche ne s'était pas ainsi appropriée le drapeau et l'hymne national.

1. Discours prononcé le 15 décembre 2014.

Avant que l'avenir ne tranche sur cette question, le paradoxe d'une gauche gênée par l'identité s'explique en réalité simplement.

La gauche redoute la diversion. Elle considère que l'identité est le terrain de convergence possible de la droite et de l'extrême droite. Elle estime même peut-être que la nation est une thématique de droite – et l'opinion partage d'ailleurs cette perception : interrogée en 2011 sur le « genre » d'une série de mots, elle avait classé « nation » et « ordre » à la droite de l'échiquier politique[1].

La gauche, davantage encore, redoute sa propre division.

Elle a sans doute une vision assez partagée de la nation – prise dans sa généralité –, qui a bien été résumée par Jean-Jacques Urvoas. Dans le rapport à la nation, la gauche privilégierait le contrat social et la laïcité républicaine, la droite l'origine, l'héritage et le sang ; l'une penserait « contrat de vie en commun », l'autre « la terre et les morts » ; l'une serait une relation horizontale, l'autre une relation verticale.

Mais elle sait que, si l'on descend davantage dans le détail, les clivages internes réapparaissent, qu'ils sont multiples, qu'ils sont profonds, qu'ils sont différents de ceux portant sur les questions économiques et sociales. C'est vrai sur le rapport de la nation à l'Europe – on

1. À l'inverse, les mots « solidarité » et « services publics » étaient les deux mots les plus classés à gauche de l'échiquier politique. « Le nouveau paysage idéologique français », sondage réalisé par Ipsos pour la Fondation Jean-Jaurès, 2011.

l'a déjà évoqué –, mais aussi à la décentralisation. C'est vrai de l'interprétation concrète à donner à la laïcité. C'est vrai de la politique d'immigration.

Conclusion ? La gauche est touchée par le syndrome de Caran d'Ache. Pendant l'affaire Dreyfus, Caran d'Ache avait dessiné *Un dîner de famille*. Une première planche représente le début du repas, l'humeur y est joyeuse. Une seconde planche met en scène une dispute généralisée – les convives se bagarrent et se menacent, les couverts jonchent le sol, les chaises sont renversées. En voici la légende elliptique et laconique : « Ils en ont parlé. » La gauche a choisi de ne pas en parler.

Il n'y a donc pas d'alternative : c'est égalité et identité. Mais cela ne veut pas dire que les deux questions doivent être placées sur le même niveau.

2

La vraie hiérarchie

Je ne crois évidemment pas que, par nature, l'égalité incarnerait le bien et l'identité le mal.

Je suis même convaincu que ce sont, l'une comme l'autre, des notions ambivalentes.

L'égalité a une face claire – la recherche d'un monde harmonieux dans lequel chaque être humain est considéré et traité à égale dignité de tous les autres –, mais aussi une face sombre – l'exacerbation des ressentiments.

L'identité a une face sombre – le rejet de tout ce qui est différent, le repli sur ce qui est familier –, mais aussi une face claire – la définition, l'affirmation et la valorisation de ce que l'on est, individuellement ou collectivement.

Je crois, en revanche, qu'il faut ne pas exacerber le débat sur l'identité et repenser la question de l'égalité.

Ce que je voudrais faire, c'est à la fois convaincre des raisons qui devraient amener à privilégier l'égalité sur l'identité et avancer des pistes qui permettraient de le faire.

Pourquoi ?

Je commence par la première raison, au sens chronologique : il s'agit d'un *réflexe idéologique* – ce qui n'est pas nécessairement mauvais, mais pas nécessairement non plus convaincant.

Je crois, et même s'il faudrait là encore nuancer, que chaque notion s'inscrit plus naturellement dans un clivage que dans un autre.

Qu'est-ce qui, en définitive, fonde le clivage entre la gauche et la droite ? Le philosophe italien Norberto Bobbio a écrit, au crépuscule de sa vie, un petit essai – *Droite et gauche*[1] – qui, grâce à sa clarté, a été un immense succès en Italie comme ailleurs. Il conclut que « le critère le plus couramment utilisé pour distinguer la droite et la gauche est l'attitude qu'adoptent les hommes vivant en société face à l'idéal d'égalité[2] ». Il ajoute qu'il y a d'un côté ceux pour lesquels la plupart des inégalités sont « d'origine sociale », et donc « éliminables », et d'un autre côté ceux pour lesquels les inégalités sont « d'origine naturelle », et donc « inévitables »[3]. Repenser la question de l'égalité, ce serait donc s'inscrire dans le clivage gauche-droite en le revivifiant.

Qu'est-ce qui, de la même manière, fonde le clivage peuple-élite ? La réponse est sans doute moins uni-

1. *Destra e sinistra*, *op. cit.*
2. *Ibid.*
3. *Ibid.*

voque. Vilfredo Pareto a évoqué l'exercice du pouvoir : il y a ceux qui gouvernent et ceux qui sont gouvernés. Bourdieu a évoqué le capital symbolique pour expliquer la position sociale des individus. Laurent Bouvet, dans *L'Insécurité culturelle,* apporte une utile précision supplémentaire : il montre que l'insécurité culturelle concerne aussi bien ceux qui sont dans le repli identitaire que ceux qui subissent les discriminations. Il ajoute que ces deux groupes antagonistes se retrouvent dans la critique de ceux qui les dirigent. Il souligne surtout que l'on passe ainsi d'une « dimension horizontale » de la relation identitaire (entre l'étranger et l'autochtone) à une « dimension verticale » (entre le bas et le haut). Privilégier l'identité, ce serait donc s'inscrire dans le clivage peuple-élite en l'exacerbant.

Le réflexe idéologique est donc le suivant : convaincu de ce que le clivage gauche-droite est, je l'ai dit d'emblée, le meilleur clivage pour structurer le débat démocratique, je privilégie naturellement l'égalité à l'identité.

L'essentiel, pourtant, est ailleurs. Au-delà du réflexe idéologique, qui peut être ou ne pas être partagé, deux arguments sont, je le crois, déterminants : il est plus facile de trouver des compromis sur l'égalité ; il est dangereux de structurer le débat, et davantage encore le vote, sur l'identité.

Privilégier l'égalité sur l'identité, c'est faire preuve de *sagesse démocratique.*

Le lien de causalité n'est pas spontané.

Il se noue dans un raisonnement en trois étapes.

D'abord, qu'est-ce qui caractérise la démocratie ?

Nous vivons dans des sociétés traversées par les conflits et menacées, à tout moment, par l'irruption de la violence. L'une des fonctions de la politique, c'est de résoudre ces conflits sans avoir recours à la violence – même si ce recours est parfois nécessaire. Ce peut être par l'élection, dès lors qu'elle n'aboutit pas à l'écrasement de la minorité par la majorité. Ce peut être par la négociation, qu'elle soit politique, sociale ou sociétale. *In fine*, un *compromis* – c'est-à-dire un accord acceptable par le plus grand nombre – doit être trouvé.

La démocratie, ou l'art du compromis.

Ensuite, qu'est-ce qui distingue la France ?

Nous vivons dans un pays dont le rapport à la politique est singulier. Il y est plus flamboyant, plus mythologique, plus symbolique. Le champ du politique est plus autonome – notamment du champ économique – que dans bien d'autres pays. On préfère le politique qui tranche, sabre au clair, à celui qui transige, stylo à la main. Bref, le compromis n'est pas un mot valorisé ni une pratique partagée. Le compromis n'est jamais loin, chez nous, de la compromission.

La France, ou les difficultés du compromis.

Enfin, qu'est-ce qui marque l'époque ? La valorisation de la simplicité – ce sont les 140 signes de Twitter. La valorisation de la vitesse – nous appartenons à la tribu des IKWIWAIWIN[1]. La valorisation de l'autorité – 85 % des Français considèrent que la France a besoin d'« un vrai chef pour remettre de l'ordre[2] ». Le compromis apparaît, dans cette époque, comme une boussole qui indique le sud. Par nature, il est complexe – il faut faire des concessions réciproques –, toujours lent – il faut prendre le temps de la négociation avant de passer à la décision – et souvent mou – le vainqueur et le vaincu ne sont pas facilement identifiables.

Conclusion : le compromis est aussi indispensable que difficile.

Et revenons à la manière dont on peut définir l'égalité et l'identité.

L'identité renvoie à ce que l'on est ou à ce que les autres pensent que l'on est, et l'égalité renvoie à ce que l'on a ou à ce que l'on peut espérer avoir.

Allons jusqu'au bout du raisonnement : il est plus difficile de trouver des compromis sur ce que l'on est que sur ce que l'on a.

Une femme voilée peut-elle accompagner des enfants pour une sortie scolaire ? Une cantine doit-elle servir de la nourriture casher ? L'Écosse doit-elle être indépendante ? Le russe doit-il être la deuxième langue en Ukraine ? Toutes ces questions renvoient à des questions d'identité et toutes ont en commun d'avoir des

1. Acronyme de « I Know What I Want And I Want It Now » : « je sais ce que je veux et je le veux tout de suite ».

2. « Fractures françaises », vague 3, *op. cit.*

réponses binaires. On peut ou on ne peut pas. On doit ou on ne doit pas. Le compromis, par nature, est difficile à trouver.

Quel doit être le niveau d'augmentation des salaires ? Quels doivent être l'assiette, le taux, le plafond de l'impôt sur la fortune ? Quels critères doivent définir les zones d'éducation prioritaires et quels moyens doivent leur être affectés ? Qui doit bénéficier des aides publiques au logement, de l'allocation de rentrée scolaire ou des bourses étudiantes ? Toutes ces questions touchent à l'égalité et toutes ont en commun d'avoir un continuum possible de réponses. Le compromis est possible à trouver – même s'il dépend de la situation objective et du rapport de force.

Voilà pourquoi ce serait faire preuve de sagesse que de privilégier l'égalité sur l'identité.

Et puis il y a un dernier argument. Un argument qui ne s'appuie pas sur les vertus comparées de l'égalité et de l'identité, mais sur les dangers d'une démocratie structurée autour de l'identité.

Je sais qu'il est arrivé dans l'histoire ou qu'il arrive ailleurs que la question de l'égalité s'efface. Supplantée par une question temporairement plus décisive – la paix, la démocratie, la République, la liberté. Ou devancée, de plus en plus souvent, par la question de l'identité. Alors, au moment du vote, ce qui compte, et ce qui compte seulement, c'est ce qui définit l'identité. Ici, ce peut être la région où vous habitez. Là, ce peut être la religion que vous pratiquez – ou que vous êtes censé pratiquer. Ailleurs, ce peut être la communauté, la tribu, l'ethnie à laquelle vous appartenez. La liste n'est pas exhaustive.

Mais, toujours, on assiste à un renversement complet.

Ce n'est plus votre vote qui construit votre identité – ou, en tout cas, qui constitue un des éléments de votre identité. Je suis français, socialiste, européen, juif, athée, gaucher – la liste, là non plus, n'est pas exhaustive, et chacun peut la constituer et l'ordonner comme il l'entend.

C'est votre identité qui détermine votre vote. J'habite dans cette région, je pratique cette religion, j'appartiens à cette communauté, cette tribu, cette ethnie, donc je vote nécessairement, mécaniquement, inéluctablement, pour tel candidat.

Il ne s'agit pas d'un raisonnement abstrait.

Il s'agit d'une réalité concrète dans de très nombreux pays – dont certains que j'ai eu la chance de pouvoir analyser de près.

La région ?

Je me souviens de l'élection présidentielle de 2010 en Ukraine – donc après la « Révolution orange » et bien avant l'annexion de la Crimée par la Russie et le conflit armé entre « pro-Russes » et « pro-Occidentaux ». Les médias occidentaux s'interrogeaient sur la régularité du scrutin, surpris par le score de 48,95 % du candidat du Parti des régions, c'est-à-dire du candidat « pro-russe ». Pour ma part, j'étais saisi par la carte électorale – je n'en avais jamais vu de semblable. La géographie du vote révèle toujours de multiples clivages, des dominations de tel ou tel dans une partie du pays, des votes équilibrés ailleurs. Là, rien de tel. Un clivage net. Une frontière limpide. Et deux hégémonies totales. La quasi-totalité des suffrages se porte sur un candidat dans l'est du pays et sur l'autre candidat dans l'ouest. Il s'agit d'un vote libre où chacun peut faire son choix entre différents candidats – formellement, rien à dire. Mais il s'agit d'un vote déterminé entièrement par l'identité, en l'espèce la région d'habitation.

La communauté ?

Je me souviens de l'île Maurice. Une démocratie jeune – l'indépendance ne date que de 1968. Une démocratie à la britannique. Un scrutin majoritaire à un tour – *the first past the post.* Deux partis dominants, un parti charnière et une kyrielle de petits partis. Des clivages politiques flous – les deux principaux partis appartiennent l'un et l'autre à l'Internationale socialiste. Des mémoires fortes – chaque parti est dirigé par un leader ou une famille dont le nom résonne dans l'histoire de l'île. Mais aussi un clivage communautaire – on dit là-bas « communal ». Selon que vous êtes « hindou », « musulman » ou « population générale », c'est-à-dire « créole », vous votez plutôt pour tel ou tel parti. Le système est même plus sophistiqué encore : selon le groupe auquel vous appartenez lorsque vous êtes hindou – si vous êtes tamoul, télougou ou marathi –, vous votez plutôt pour tel ou tel parti. Mieux, ou pis, les partis ont tendance à présenter des candidats issus de la communauté majoritaire de chaque circonscription. Mieux, ou pis encore, il existe un système de correction des effets du scrutin majoritaire, qui vise d'abord à ce qu'aucune communauté ne puisse être lésée – jusqu'aux élections de 2014, chaque candidat était ainsi obligé de déclarer la communauté à laquelle il appartenait. Finalement, une démocratie vivante – où chaque élection ou presque se traduit par une alternance –, mais travaillée par des logiques communautaires qui figent la société.

L'ethnie ?

Je me souviens de l'élection présidentielle en Côte d'Ivoire en 2010. Au-delà de la réalisation des conditions minimales pour organiser un scrutin dans un pays traversé par une guerre civile, l'équation électorale était simple. Le président sortant, Laurent Gbagbo, appartenait à une ethnie, les Bété, qui ne pesait qu'un peu plus de 10 % du corps électoral : il devait donc rassembler au-delà de son ethnie. Henri Konan Bédié, l'ancien président, était un Baoulé – eux-mêmes part des Akan, qui pesaient 40 % du corps électoral – : il devait mobiliser les « siens ». Alassane Ouattara, enfin, était musulman[1], et les musulmans étaient majoritaires dans le nord du pays : il devait lui aussi mobiliser les « siens » et obtiendra d'ailleurs entre 75 % et 93 % des voix – dès le premier tour ! – dans les quatre régions nordistes. Certes, comme toujours, les logiques iden-

1. On mesure une nouvelle fois l'imbrication dans la dimension identitaire entre ethnie, tribu et religion…

titaires – ici, tribales – étaient moins fortes dans les zones plus urbanisées, plus mélangées, plus ouvertes, comme à Abidjan. En définitive, une élection serrée se concluant, après des résultats contestés et des affrontements meurtriers, par la victoire d'Alassane Ouattara et le renvoi devant le Tribunal pénal international de Laurent Gbagbo – mais une élection là encore travaillée d'abord par des questions d'identité.

On pourrait aussi évoquer l'Écosse, où, lors des élections législatives de 2015, la dimension identitaire a primé : le Labour a été supplanté par le Scottish National Party, qui l'a emporté dans la quasi-totalité des circonscriptions.

On pourrait encore évoquer le Liban, où la Constitution dispose dans son Préambule que « la suppression du confessionnalisme politique constitue un but national essentiel », mais où, dans le même temps, est organisé un partage des principales responsabilités politiques entre les différentes confessions – le président doit être maronite, le Premier ministre sunnite et le président de l'Assemblée chiite[1].

On pourrait même de plus en plus évoquer la Turquie, où le risque d'un vote identitaire progresse et où le vote est de plus en plus interprété selon une grille de lecture identitaire. Ainsi, après les élections législatives de juin 2015, puis après celles de novembre, les observateurs, notamment américains, ont pu dire

1. C'est ce système et ces dérives que les Libanais ont contestés dans le mouvement « vous puez » à partir de juillet 2015.

que quatre groupes s'étaient dégagés au Parlement : un groupe sunnite avec l'AKP, un groupe kurde avec le HDP, un groupe alévi avec le CHP et un groupe « super-nationaliste » avec le MHP.

On devrait évidemment évoquer la quasi-totalité de l'Afrique sub-saharienne et même l'Afrique du Sud. On y voit jusqu'où les dérives de l'identité peuvent conduire – avec quatre-vingts ans d'apartheid. Mais, même après 1990, on voit que, dans un pays où les Noirs représentent près de 80 % de la population, l'ANC se maintient presque mécaniquement au pouvoir et que, en revanche, c'est *à l'intérieur* seulement de l'ANC que « les catégories "gauche" et "droite" sont convoquées et instrumentalisées », comme le note Vincent Darracq[1].

Finalement, deux leçons peuvent être tirées de ces expériences étrangères dans lesquelles l'identité prime sur tout. D'un point de vue individuel, la liberté effective de vote est affectée. D'un point de vue collectif, des catégories entières de la population sont *de facto* exclues du pouvoir. Tout converge : oui, il serait sage de privilégier le débat sur l'égalité plutôt que celui sur l'identité.

1. « L'importation du clivage gauche-droite dans les luttes de classement au sein de l'ANC dans l'Afrique du Sud postapartheid », in *Gauche / droite*, *op. cit.*, p. 231.

Comment ?

Je mesure que ce sera difficile.

Il existe, en effet, une dynamique de l'identité.

Il faut prendre conscience de la radicalisation de l'opinion. En 2004 déjà, Éric Dupin avait dénoncé « l'hystérie identitaire[1] » ; en 2008, Vincent Tiberj avait évoqué « la crispation hexagonale[2] ». Depuis lors, la situation s'est singulièrement dégradée. On a pu parler d'un rapprochement des électorats du Front national et des Républicains sur les sujets d'identité. Telle est la thèse, notamment, de Renaud Dély[3]. Je crains que la réalité soit plus alarmante encore : comme Jérôme Fourquet l'a montré[4], c'est à un déplacement du barycentre de l'ensemble des sensibilités politiques que nous avons assisté. La question de savoir s'il est loisible de parler de « droitisation » revient régulièrement dans le débat public. Un des indices les plus parlants de ce phénomène est précisément donné par l'auto-positionnement des Français sur l'échelle droite-gauche : 40 % se situent aujourd'hui à droite, 29 % se

1. Éric Dupin, *L'Hystérie identitaire*, Le Cherche Midi, 2004.

2. Vincent Tiberj, *La Crispation hexagonale,* Fondation Jean-Jaurès/Plon, 2008.

3. Renaud Dély, *La Droite brune. UMP-FN. Les secrets d'une liaison fatale*, Flammarion, 2012.

4. Jérôme Fourquet, Fabienne Gomant, Ernst Hillebrand, Vincent Tiberj, *Droitisation en Europe. Enquête sur une tendance controversée*, Fondation Jean-Jaurès, 2014.

situent à gauche[1] – même en 1993, quand la gauche subissait un rejet sans précédent, le rapport de force était équilibré.

Et puis, au-delà des enquêtes d'opinion, il est intéressant de regarder la vie éditoriale.

Quels ont été les grands succès littéraires récents ? *Le Suicide français* d'Éric Zemmour : 450 000 exemplaires. *L'Identité malheureuse* d'Alain Finkielkraut : 100 000 exemplaires. *La France Orange mécanique* de Laurent Obertone : 60 000 exemplaires. *Le Moment est venu de dire ce que j'ai vu* de Philippe de Villiers ? Plus de 120 000 exemplaires quelques semaines après sa sortie…

Quel a été le journal dont les ventes au numéro ont progressé, dans un secteur pourtant dévasté ? *Valeurs actuelles*, avec une hausse des ventes depuis 2012 de près de 10 % chaque année et des « unes » qui défendent avec constance une certaine idéologie et une certaine tonalité.

Face à cette dynamique de l'identité, il y a une panne de l'égalité.

En s'en tenant à l'analyse de ces dernières années, c'est le silence progressif de la gauche, signe d'une défaite idéologique, qui est assourdissant.

La campagne présidentielle de François Hollande s'est jouée, comme c'est normal, sur différents registres

1. « Baromètre des priorités politiques et des dynamiques électorales », vague 5, *op. cit.*

– d'autant plus qu'il s'est agi d'une campagne exceptionnellement longue, avec une candidature déclarée plus d'un an avant l'élection proprement dite. Dans l'équilibre de ces différents registres, on peut schématiser en avançant l'idée que, avant sa désignation, François Hollande a réussi à émerger comme un candidat crédible en mettant la priorité sur la réduction des déficits et de la dette, puis, après sa désignation, à mobiliser en mettant la priorité sur la réduction des inégalités. De ce point de vue, la relecture du discours du Bourget du 22 janvier 2012[1] – moment fondateur de la campagne – est intéressante. Au-delà de la formule sur la finance, on mesure la place centrale qu'a occupée la question de l'égalité – et pas seulement parce que le temps consacré à cette question a dépassé celui consacré à toutes les autres. Place centrale parce que François Hollande défend l'idée que « chaque nation a une âme » et que « l'âme de la France, c'est l'égalité ». Place centrale parce que là se trouve le sens de son action, la « seule question » devant être posée avant une décision étant : « Est-ce que c'est juste ? » Place centrale parce que, de la réforme fiscale à « tous les domaines de la vie en société », c'est au prisme de l'égalité qu'il faut lire toutes les propositions présentées – qu'elles concernent la retraite, le logement, la santé, l'eau, le chauffage, l'électricité, la sécurité, les territoires, la culture, etc.

1. J'évoque ce discours sans fétichisme déplacé, mais comme un auteur assumé – Laurent Binet a révélé dans *Rien ne se passe comme prévu* que j'avais été l'une des deux « plumes » de ce discours, l'autre étant Aquilino Morelle, avant que François Hollande le travaille méticuleusement lui-même.

Depuis lors, et contrairement à ce qu'une partie de la gauche se plaît à répéter, il y a eu beaucoup d'actes – je les ai évoqués. Mais il y a eu aussi, en deux temps bien différents, une défaite idéologique.

La défaite en silence : l'égalité s'est effacée des discours. Sans faire de bruit, sans même que nul ne le remarque. Petit à petit, et paradoxalement, les mots ne suivaient pas les actes – alors que c'est généralement le contraire. Il suffit de relire les conférences de presse de François Hollande pour en être convaincu – voilà un mystère sur lequel il faudra revenir.

Et puis, la défaite par la parole. Le Parti socialiste a fait de l'égalité une priorité, dès le second semestre de l'année 2014. Le Premier ministre, à l'invitation de la Fondation Jean-Jaurès, a consacré un discours et un débat à l'égalité en décembre 2014. Il l'a fait en cohérence avec son action en introduisant en France – j'y reviendrai également – le concept de « pré-distribution[1] ». La réforme du collège, portée par Najat Vallaud-Belkacem, était centrée sur l'égalité. Résultat de tout cela ? Au mieux, une opinion distraite. Au pire, une opinion rétive. Comme s'il s'agissait d'un vieux truc. Comme si l'on n'y croyait plus.

Comment faire en sorte alors que, dans ce contexte, l'on privilégie l'égalité par rapport à l'identité ?

1. Néologisme de Jacob S. Hacker, professeur de science politique à l'Université de Yale, qui est employé pour la première fois dans l'article « The Instituational Foundations of Middle Class Democracy », *Priorities for a Next Political Economy : Memos to the Left*, Policy Network, 2011. Le terme de « pré-distribution » rejoint ensuite le lexique politique en 2012 sous l'impulsion d'Ed Miliband, chef du Parti travailliste anglais entre 2010 et 2015.

Je plaiderai pour trois propositions.

Première proposition : trouver un consensus républicain sur l'immigration et la laïcité

Je mesure ce que cette proposition, qui attaque de front les deux questions les plus difficiles, exige de sens de la responsabilité et de capacité de dépassement de soi. Mais elle mérite malgré tout d'être « travaillée », au sens où le boulanger travaille son pain, et donc d'être précisée.

Quel consensus ?

Pourquoi un consensus – alors même que, définissant la démocratie, je soulignais l'importance des clivages et exprimais mes réserves sur l'alliance des réformistes ? Il ne s'agit pas, pour moi, de renoncer à parler de ce qui divise – critique contre le consensus que Jacques Rancière a formulée en expliquant que « consensus veut dire que tout le monde doit constater qu'il n'y a rien à discuter[1] ». Il s'agit de poursuivre un objectif circonscrit – « déshystériser » le débat sur l'identité qui menace la démocratie –, autour d'un périmètre réduit – un consensus général est évidemment hors d'atteinte –, et d'un champ limité – le « socle premier » du débat sur la laïcité et l'immigration.

1. Jacques Rancière, *Chronique des temps conensuels*, Seuil, 2005, p. 8.

Pourquoi la laïcité ? Parce que, tout simplement, elle est au cœur de l'identité de la France et du malaise identitaire français. Parce que, derrière la laïcité, se niche la question de l'islam – une religion plus récente, dont le poids s'accroît, dont la visibilité s'étend et dont la peur qu'elle suscite progresse ; une religion travaillée, au surplus, par un islam politique qui veut tester la République et par un dévoiement terroriste qui combat la France, et d'abord les musulmans eux-mêmes.

En apparence, le consensus sur l'importance de la laïcité est large. 89 % de Français la jugent « importante » ; 54 % « très importante » : elle se situe en deuxième position des valeurs privilégiées aujourd'hui, devant même le mérite, l'autorité ou la solidarité. Toutes les familles politiques partagent cette conviction, même si, et on mesure là le poids de l'histoire, cette importance croît au fur et à mesure que l'on se déplace vers la gauche de l'échiquier politique. La laïcité, valeur « très importante » ? Pour 47 % des sympathisants du Front national, 54 % des sympathisants de l'UMP, 69 % des sympathisants du Parti socialiste. En revanche, le sentiment que la laïcité est menacée suit le chemin inverse : il croît au fur et à mesure que l'on se déplace sur la droite de l'échiquier politique – avec, respectivement, 86 %, 79 % et 66 %.

En réalité, et ces chiffres en fournissent une indication, des fractures multiples se cachent derrière ce consensus apparent. Fractures à l'intérieur de chaque sensibilité politique – à l'image de celles qui existent sur l'Europe. Fractures entre les différents camps, avec un malentendu croissant sur le sens du mot – et donc sur les conséquences qu'il convient d'en tirer.

Pour réfléchir à cette question, peut-être faut-il replacer ce débat dans l'espace et dans le temps – c'est-à-dire lui redonner de la profondeur.

Il existe une exception française. Exception française dans notre rapport à la religion, nous ne le mesurons pas suffisamment. Les études internationales, et notamment une étude réalisée par l'institut Gallup, montrent combien les Français se déclarent moins « religieux » que l'immense majorité des cinquante-sept pays interrogés. En moyenne, 59 % des personnes interrogées se déclarent « religieuses » ailleurs ; 34 % ici. Avec 29 % qui se déclarent « athées convaincus » et 34 % « non religieux », nous sommes l'un des pays du monde dans lesquels la religion est le plus mise à distance. Exception française dans la structure de la population : aucun autre pays européen ne compte un tel pourcentage de juifs et de musulmans. Exception française dans l'institution de la laïcité : les pays laïcs sont rares et certains d'entre eux ont une pratique bien différente de la nôtre.

Il a existé par ailleurs une évolution du sens de la laïcité au cours du siècle écoulé. La loi de 1905 est restée immuable, pas son interprétation. Philippe Portier, dans un petit article très éclairant, a ainsi pu en distinguer « trois âges[1] ». Un âge de « séparation », jusqu'en 1960, des Églises et de l'école, puis des Églises et de l'État. Un âge de « reconnaissance » entre 1960 et 1990,

1. Philippe Portier, « Les trois âges de la laïcité française », *Revue socialiste*, n° 57, 2015.

où les relations institutionnelles et même financières se sont développées. Un âge d'« intégration » depuis lors, où, au surplus, la laïcité est devenue un moyen de neutraliser la visibilité musulmane.

Hier, l'instauration de la laïcité était un combat.

Aujourd'hui, l'interprétation de la laïcité est un débat.

Pour que ce débat rassemble largement, il serait nécessaire de procéder à deux démarches.

Première démarche : clarifier les principes. La loi de 1905 fixe deux principes – et, trop souvent, l'un d'entre eux est volontairement oublié en fonction de l'objectif poursuivi…

La loi de 1905, dans son article 2, dispose que la République « ne reconnaît aucun culte ». Les autorités publiques doivent être totalement neutres par rapport à toutes les religions. Dans ce « bloc de neutralité », il y a, d'abord, la question de la formation des enfants et donc la question de l'école – là-dessus, un large consensus peut se former sur une position intransigeante : sur le contenu de l'enseignement et notamment de l'histoire ou de la philosophie ; sur les conditions de l'enseignement et notamment la mixité. Dans ce « bloc de neutralité », il pourrait y avoir, aussi, la question de la représentation. Il existe des partis, comme le Parti chrétien démocrate ou l'Union des démocrates musulmans, dont le primat religieux pose question au regard de la laïcité.

La loi de 1905, dans son article 1er, dispose que « la République assure la liberté de conscience ». La liberté individuelle, donc la liberté de croyance, fait elle aussi partie intégrante de la laïcité. De ce point de vue, penser que la laïcité vise à séparer l'espace public et l'espace privé est une erreur et une impasse : nul ne peut penser « nettoyer » l'espace public de la religion. La question qui se pose est de fixer les limites qui imposeraient de restreindre la liberté individuelle. Il peut ainsi être utile de distinguer de manière plus précise les différents espaces et les règles qui régissent chacun d'entre eux, ainsi que l'a proposé Caroline Fourest[1] en distinguant les sphères de sens (école, administration), de contrainte (hôpital, prison), de liberté réglementée (rue), de liberté maximale (domicile), d'intérêt mutuel (entreprise), d'accommodement (relation commerciale avec un client). C'est avec cette boussole en main que l'on peut trancher, pragmatiquement, les débats sur les cantines, les sorties scolaires, les universités, les entreprises... L'Association des maires de France ou les caisses d'allocations familiales ont élaboré un guide de la laïcité – on peut discuter leurs préconisations mais c'est ce genre de démarche qu'il faut encourager.

Après la clarification des principes et ses conséquences, la seconde démarche qui permettrait la construction d'un consensus devrait être la modernisation de la pratique. La lucidité exige de reconnaître qu'il y a aujourd'hui un angle mort qui n'est pas satisfaisant : les musulmans ne disposent pas encore de lieux de culte dignes de ce nom – même si des progrès ont été accomplis – et la pratique de l'islam, financé et contrôlé par des fondamentalistes étrangers, contre-

1. Caroline Fourest, *La Dernière Utopie. Menaces sur l'universalisme*, Grasset, 2009

vient parfois aux règles de la République. Dès lors, il faudrait que la République intègre mieux l'islam – les solutions techniques existent sans toucher à la loi de 1905. Et il faut dans le même temps que l'islam intègre davantage la République – de ce point de vue, la prière pour la République qui clôt les offices religieux juifs et signe la sujétion de la religion à la République est un exemple intéressant, tout comme le dialogue régulier instauré en 2015 entre le ministère de l'Intérieur et l'ensemble des représentants légitimes de la communauté musulmane, ou encore la déclaration commune sans précédent de quatre cents représentants de l'islam après les attentats de novembre 2015.

Pourquoi ensuite l'immigration ? Parce que la question de l'identité renvoie, toujours, au rapport à l'autre. Et définir une identité a donc pour effet à la fois de rassembler ce qui est en dedans et d'exclure ce qui est en dehors. S'interroger sur l'identité nationale pose donc, notamment, la question de l'immigration.

Peu de sujets suscitent autant de polémiques et nourrissent autant de fantasmes. Sur le nombre d'étrangers qui entrent régulièrement en France chaque année. Sur le nombre d'étrangers qui y séjournent en situation irrégulière. Sur les droits, notamment sociaux, dont ils bénéficient. Sur la réalité du bilan financier de leur présence dans notre pays. Sur la différence entre étrangers et immigrés. Sur tous ces sujets, il n'y aurait guère de risque à parier qu'une étude approfondie mettrait en lumière le gouffre qui sépare la réalité et les perceptions.

Peu de sujets aussi divisent autant l'opinion et séparent la gauche de la droite – certains considérant même que c'est dans le sociétal, voire sur l'immigration, que se concentrerait désormais le clivage gauche-droite. Au-delà même de la campagne présidentielle de 2012, qui permettrait sans peine d'étayer cette conviction, les enquêtes d'opinion illustrent bien la persistance et l'ampleur de ces divergences. Sur le droit de vote des étrangers ? Les sympathisants de gauche y sont favorables à 71 %. Les sympathisants de droite opposés à 84 %[1]. Sur l'accueil des réfugiés de guerre en France après une répartition entre les différents pays européens ? Les sympathisants de gauche y sont favorables à 70 %. Les sympathisants de droite à 29 %[2].

Pourquoi, dès lors, essayer de trouver un consensus républicain sur l'immigration ? Parce que, dans le contexte actuel, si l'on veut éviter que le débat se structure tout entier autour de l'identité, il faut une force puissante pour réussir à dévitaliser ou neutraliser le débat. Et puis, aussi, parce qu'un tel consensus républicain aurait une double vertu. À l'intérieur, il permettrait de réintroduire de la modération et de la vérité dans le débat public – en refusant de se laisser aimanter par le Front national. À l'extérieur, il serait

1. « Immigration et intégration », sondage Odoxa pour i-Télé et *Le Parisien*, 2014.

2. « Les Européens face à la crise des migrants », sondage IFOP pour la Fondation Jean-Jaurès et la Fondation européenne d'études progressistes, octobre 2015.

un signal puissant adressé aux pays comme aux populations et fixerait une orientation que chacun devrait intégrer dans la durée.

Reste, alors, la question centrale : comment peut-on espérer un consensus républicain sur un sujet aussi sensible ?

Je pense – au risque de choquer à droite comme à gauche – qu'il ne serait pas si difficile de s'accorder sur les grandes orientations d'une politique migratoire – c'est-à-dire sur les conditions d'entrée et de séjour des étrangers. Le droit d'asile est régi pour l'essentiel par des traités internationaux et de plus en plus par des textes européens – la crise des réfugiés de l'été 2015 a accéléré cette « européanisation » avec la volonté d'harmoniser la liste de ce qui peut être considéré comme des « pays sûrs » et de mettre en place des centres d'accueil pour effectuer un premier tri dans les demandes d'asile. Le regroupement familial est protégé par le Conseil constitutionnel : le « droit à une vie familiale normale » est un principe à valeur constitutionnelle, et l'on peut s'accorder sur ses conditions d'exercice – disposer d'un logement et d'un emploi, apprendre le français. L'immigration économique est limitée aux secteurs connaissant une tension de main-d'œuvre. L'accueil des étudiants est un investissement déterminant pour le rayonnement de notre pays. Enfin, chacun mesure que le système de Schengen a bien supprimé les frontières intérieures, mais a délaissé le contrôle des frontières extérieures – l'idée de « garde-frontières » européens progresse désormais rapidement.

Là est *a priori* l'essentiel : les politiques publiques. Autour des principes qui viennent d'être évoqués, un large consensus ne devrait pas être inaccessible – n'empêchant d'ailleurs en rien des divergences sur telle ou telle modalité. Mais il y a aussi le reste, qui encombre l'espace : la symbolique politique. Et donc, la nécessité pour chacun d'assumer ce qu'il fait – souvent contre, ou à l'insu de son électorat. La gauche doit assumer d'expulser ceux qui sont en situation irrégulière, après, bien entendu, qu'une décision de justice a été prononcée. La droite doit assumer de régulariser au fil de l'eau ceux qui sont dans notre pays depuis au moins cinq années, comme le font tous les gouvernements. Mais il y a plus difficile encore : la nécessité pour chacun d'assumer ce qu'il ne fera pas. La gauche a proposé en 1981 d'élargir le droit de vote aux étrangers pour les élections locales. J'y suis favorable – notamment pour la même raison que je défends le vote obligatoire : cela obligerait les élus à s'intéresser autant à tous les quartiers dont ils ont la charge. En même temps, je constate que – depuis plus de trente-cinq ans ! – la gauche n'a jamais été en mesure de tenir cet engagement : elle n'a jamais eu la majorité parlementaire suffisante et ce serait méconnaître profondément la dynamique de l'opinion que de penser qu'elle puisse rassembler une majorité populaire dans un référendum. Aussi, pour des raisons différentes de celles de Manuel Valls, je pense que la mise entre parenthèses du droit de vote des étrangers aux élections locales mérite réflexion – dès lors qu'il s'agirait d'une contrepartie permettant de trouver un consensus sur l'immigration. Quant à la droite, elle devra elle aussi assumer de ne pas faire ce que certains des siens réclament : on ne peut remettre en cause l'aide médicale d'État au nom de l'intérêt général, c'est-à-dire de la santé publique, on ne doit pas revenir sur le droit du sol au nom de notre tradition républicaine ni sortir des accords de Schengen au nom de notre engagement européen.

La difficulté d'un consensus minimal n'est pas technique, elle est politique.

La difficulté n'est pas dans l'état des textes, elle est dans l'état d'esprit.

Que le consensus sur l'immigration et sur la laïcité soit ou non trouvé, ou même simplement recherché, un double mouvement resterait en tout état de cause à opérer pour remettre le débat public sur de bons rails : repenser le débat sur l'égalité – au-delà de la redistribution – et réorienter le débat sur l'identité – au-delà de la religion.

Deuxième proposition : repenser l'égalité, au-delà de la redistribution

Pour redonner vraiment au débat sur l'égalité une place centrale, il faut d'abord écarter deux tentations – qui sont autant d'illusions.

La première tentation, c'est la stratégie de la radicalisation passionnée. Que la gauche soit bien à gauche

– plus égalitaire – et la droite bien à droite – plus libérale – et le problème serait réglé. Que l'on referme la parenthèse confuse d'aujourd'hui en revenant à la clarté d'hier. Et, donc, que la gauche retrouve son histoire dans sa pureté originelle ! Qu'elle dénonce, qu'elle condamne, qu'elle brocarde, qu'elle mobilise ! Qu'elle fasse vibrer la fibre égalitaire ! Partout en Europe – mais aussi en Amérique latine ou même aux États-Unis –, ce débat-là traverse la gauche. Parfois à l'extérieur des partis sociaux-démocrates – Syriza en Grèce, Podemos en Espagne. Parfois au sein même du parti central – Corbyn au Royaume-Uni, Sanders aux États-Unis. Au-delà de leurs différences considérables, ces illustrations trouvent leur dynamique dans un ressort commun : la nostalgie d'une gauche égalitariste. C'est ce qui explique son succès. C'est ce qui annonce aussi son échec. Soit elle n'accédera pas au pouvoir – on peut faire ce pari s'agissant de Corbyn au Royaume-Uni –, soit elle se divisera dans l'exercice du pouvoir – c'est ce qui s'est passé en Grèce en l'espace de quelques mois.

Une partie de la gauche ne peut assumer ce qu'elle pense vraiment : l'époque est trop dure et le rapport de force trop défavorable. Elle ne veut pas gouverner. Pis encore, elle ne veut pas que la gauche gouverne. Les citoyens le perçoivent très clairement et il y a peu de chances qu'ils élisent une gauche qui ne veut pas gouverner. La nostalgie n'est plus ce qu'elle était…

La seconde tentation, c'est la stratégie de la description clinique. Il y a un décalage entre les inégalités et leurs perceptions ? Il suffirait de convoquer la science pour toucher la conscience. Il suffirait de mener la bataille pour donner la place qu'il convient à ce que l'on sait, sur la réalité des inégalités comme sur leurs conséquences, non seulement sociales mais aussi économiques, pour faire évoluer ce que l'on croit. Ce n'est pas totalement faux. Mais c'est excessivement simple – le mal est plus profond.

Pour le dire crûment, le discours de la gauche sur l'égalité, qui n'est qu'un discours sur la redistribution, est épuisé.

Il y a dans cet épuisement des racines anciennes – je me souviens de ce qu'indiquaient déjà les enquêtes d'opinion lorsque je travaillais au ministère de l'Économie et des Finances, il y a près de vingt ans. Une enquête qualitative faisait apparaître un sentiment d'augmentation irrépressible et ininterrompue des impôts, dont l'illustration était simple : « On crée toujours des impôts, on n'en supprime jamais. » Là se trouvait l'explication du sentiment, dont les ressorts nous semblaient mystérieux, selon lequel les impôts augmentaient – alors même que le gouvernement de Lionel Jospin les baissait. L'année suivante, plusieurs centaines de petits impôts, dont le rendement était d'ailleurs souvent à peu près nul, étaient symboliquement supprimés – le plus spectaculaire concernait les timbres sur les cartes d'identité. Pour la première fois, les enquêtes suivantes montraient que les Français avaient le sentiment que les impôts avaient baissé – ce qui était le cas.

Si la défiance fiscale a des racines anciennes, elle a aussi des feuilles nouvelles – « ras-le-bol » fiscal, avait analysé Pierre Moscovici en août 2013. Le mot avait choqué, venant de celui qui avait augmenté les impôts et était chargé de les collecter. Mais il était juste et il faut prendre la mesure de l'évolution radicale et brutale de l'opinion : 84 % des Français estiment désormais que les pouvoirs publics « gaspillent l'argent des impôts[1] ».

Le mot « redistribution » pourrait séduire. Il inquiète. Le slogan de la « grande réforme fiscale » pourrait mobiliser. À l'exception de la retenue à la source, il effarouche – y compris et même d'abord ceux qui sont censés en bénéficier.

Tout se passe comme si la confiance envers les institutions productrices d'égalité était lézardée. Elles sont soupçonnées de mal utiliser les impôts et les cotisations – pas seulement de mal les gérer, mais de mal les redistribuer.

Ainsi, la peur de l'assistanat s'est répandue. En avril 2015, 69 % des Français estimaient que la société évoluait vers trop d'assistanat. C'est vingt points de plus qu'en 2011[2].

Ainsi, les contours d'une « société juste » se sont modifiés. Les prestations sociales ou la redistribution par la fiscalité ne sont plus au cœur de ce que les Français en attendent. Pour 71 % d'entre eux, une « société juste » est une société qui permet « à chacun, quels que

1. « Les Français et la solidarité », sondage OpinionWay pour Finsquare, novembre 2014.

2. « Fractures françaises », vague 3, *op. cit.*

soient ses moyens ou ses origines, d'avoir les mêmes chances de réussir[1] ».

Quand la ressource budgétaire est faible et la sensibilité fiscale forte, la passion de la gauche pour la fiscalité, dans une improbable convergence des « gauchos » et des « technos », est une passion mortifère. Elle conduit soit à l'isolement, soit au silence – dans tous les cas à la défaite.

La gauche doit donc sortir de l'impasse de ce que les Britanniques appellent le *tax and spend*, c'est-à-dire le couple impôts-dépenses – elle l'a compris en privilégiant des baisses d'impôts sur les classes populaires et les classes moyennes en guise de redistribution. Mais elle doit le faire aussi en réinventant son discours sur l'égalité.

Elle peut, pour cela, s'inspirer de ce que Renoir écrivait à Matisse dans *Jazz :* « Quand j'ai arrangé un bouquet pour le peindre, je m'arrête sur le côté que je n'avais pas prévu. » C'est un double pas de côté que la gauche doit accomplir si elle veut que son discours sur l'égalité redevienne désirable et crédible.

Le premier pas : clarifier sa vision de la société.

Affirmer qu'elle est pour l'égalité, mais tout autant pour le mérite ; pour l'égalité, mais tout autant pour le risque ; pour l'égalité, mais tout autant pour la création. En d'autres termes, qu'elle n'est pas contre toutes

1. « Les Français et l'état des inégalités dans la société », *op. cit.*

les inégalités et qu'il peut même y avoir ce que John Rawls avait appelé des « inégalités justes » – quand elles reposent sur le mérite, le risque et la création.

Hiérarchiser les inégalités dans la société d'aujourd'hui. La lutte contre toutes les inégalités n'est ni également prioritaire ni nécessairement cohérente avec les autres objectifs affichés – au premier rang desquels la restauration de la compétitivité. C'est le sort des *outsiders* – les jeunes comme les chômeurs – qui devrait d'abord mobiliser la gauche.

Promouvoir l'« égalité des possibles ». L'égalité des possibles – selon la formule d'Éric Maurin –, ce n'est pas l'égalité des chances – limitée à l'égalité sur la ligne de départ –, ce n'est pas non plus l'égalité des conditions – cet égalitarisme dont personne ne veut en réalité. C'est la possibilité donnée et redonnée, tout au long de sa vie, de se réaliser, de progresser, de s'émanciper. Ambition limitée ? L'égalité des possibles, pour tous, vraiment, offrirait déjà un immense bol d'air à la société française !

Défendre enfin ce que George Orwell appelait « une société décente », notamment dans les comportements et les rémunérations. Ambition limitée, là encore ? Cela permettrait déjà de lutter contre cet insupportable sentiment de vivre dans des mondes sans la moindre intersection.

Le second pas découle du premier : après la vision, les moyens. La gauche devrait concentrer son discours et ses actes non plus sur la redistribution, mais sur la « pré-distribution » – c'est-à-dire sur tout ce qui permet de prévenir les inégalités avant qu'elles ne se forment. Cela peut être dans la répartition de la valeur ajoutée. Cela doit être, d'abord et avant tout, autour des sujets majeurs : l'école, la formation, le logement, la santé, les services publics, la civilisation urbaine.

Il y a encore beaucoup à faire pour lutter contre les inégalités, mais aussi pour rendre le combat pour l'égalité concret et désirable. La question sociale n'est pas morte !

Troisième proposition : reformuler le débat sur l'identité, au-delà de la religion

Quand on observe l'évolution de nos sociétés et le débat sur l'identité, on est frappé par le paradoxe suivant.

D'un côté, l'identité *individuelle* devient de plus en plus complexe et de plus en plus mouvante. Il y a un demi-siècle, et même peut-être moins, qu'évoquait-on lorsque l'on était interrogé sur son identité ? Sa nationalité. Sa profession. Son vote. Éventuellement son origine ou sa religion. Aujourd'hui, qu'y ajouterait-on ? Son genre. Son orientation sexuelle. Sa ville – voire son quartier. Son lien au-delà de la nation – qui l'Europe, qui le monde. Ses groupes affinitaires. Son identité virtuelle. La liste n'est pas exhaustive et le raisonnement est intuitif – mais conforté par les études scientifiques. En effet, lorsque l'on interroge les Français sur les « caractéristiques » qui « les définissent le mieux », seuls 15 % ne choisissent qu'une seule modalité ; 64 % en choisissent trois ou quatre, c'est-à-dire le maximum proposé dans l'enquête. Il y a ainsi ce que Patrick Simon et Vincent Tiberj ont appelé une « matrice des identités » où chacun se fabrique son « bricolage identitaire[1] ».

D'un autre côté, on voudrait que l'identité collective soit de plus en plus simple et de plus en plus fixe. Seule existerait une identité réduite aux acquêts. Une France éternelle, intangible, invariable, inaltérable. Une France mythifiée pour dénoncer la France réelle.

Il faut comprendre ce qui s'est passé et comment le débat sur l'identité a ainsi pu se dégrader.

L'histoire longue témoigne d'un renversement : la nation est née à gauche, puis a prospéré à droite – voire à l'extrême droite. Comme l'a écrit Patrick Cabanel, il y a eu entre la gauche et la nation, au cours du XIXe siècle, « une grande passion et une égale déception[2] ». Sous la IIIe République, la politisation de l'identité nationale a été la réponse de la droite à la politisation de la question sociale par la gauche. Et deux visions de la nation se sont affrontées autour des figures de Jaurès et de Barrès.

L'histoire contemporaine est celle d'un glissement progressif du débat, un glissement en deux périodes.

1. Patrick Simon et Vincent Tiberj, « Les registres de l'identité », Documents de travail n° 176, INED.

2. Patrick Cabanel, « La Gauche et l'idée nationale », in *Histoire des gauches en France*, vol. 1, La Découverte, 2004, p. 506.

La première période commence en 1989. Il y a, en France, l'affaire du « foulard » de Creil[1] et, un peu plus tard, aux États-Unis, la publication dans la revue *Foreign Affairs* de l'article de Samuel Huntington, « Le choc des civilisations ». Alain Finkielkraut souligne dans *L'Identité malheureuse* que cette affaire du « foulard » marque une « rupture » en ce qu'elle n'oppose pas « laïcs contre cléricaux », mais « laïcs contre laïcs ». Je partage, sur ce point, l'analyse. Cette affaire a embrasé spectaculairement la société française et divisé profondément la gauche. Pourtant, à quelques exceptions près, il n'y avait nul désaccord sur l'objectif : chacun estimait que le « foulard » – le mot « voile » ne s'était pas encore imposé à l'époque – n'avait pas sa place à l'école. Le désaccord portait sur les modalités : les uns, comme Lionel Jospin, alors ministre de l'Éducation nationale, privilégiaient la pédagogie ; les autres, comme Régis Debray ou Alain Finkielkraut, plaidaient pour la prohibition. Le débat s'est poursuivi, les positions ont évolué, et la loi sur le port des « signes religieux visibles » a été adoptée en 2004. Mais le débat sur le voile a resurgi de manière récurrente, à propos de mille et un sujets, contribuant à faire de l'islam le point d'entrée du débat sur l'identité.

La deuxième période commence en 2007, avec la campagne de Nicolas Sarkozy. Il y a encore une ambivalence dans cette campagne : le « petit Français de sang mêlé » propose de supprimer la double peine d'un

1. Il s'agissait de savoir si une jeune fille vêtue d'un voile pouvait être acceptée au collège ou si, refusant de l'enlever, elle devait en être exclue.

côté et de créer un ministère de l'Immigration et de l'Identité nationale d'un autre côté. Petit à petit, toute ambiguïté se dissipe. 2009 : lancement du débat sur l'identité nationale. 2010 : discours de Grenoble. 2012 : campagne présidentielle tout entière tournée autour de l'immigration et de l'islam – de l'entrée en campagne jusqu'à un entre-deux-tours où tous les amalgames sont autorisés, surtout les plus abjects. En 2007, on essaie de réconcilier Jaurès et Barrès – « enfin devenus amis », écrit joliment Gérard Noiriel. En 2012, on veut « faire élire Maurras », résume crûment Nathalie Kosciusko-Morizet.

Je ne sais ce que pense réellement Nicolas Sarkozy – ce qui importe, en définitive, n'est que ce qu'il dit et fait. Je crois en revanche que le bilan de ces années peut se résumer ainsi : la focalisation sur l'identité nationale avait un objet, hypnotiser le Front national ; elle a eu un effet, hystériser le débat public.

Quand on se replonge dans la chronologie de la campagne présidentielle de 2007, les choses apparaissent clairement. La proposition de créer le ministère de l'Immigration et de l'Identité nationale émerge au moment précis où les intentions de vote en faveur de Jean-Marie Le Pen remontent et où celles en faveur de Nicolas Sarkozy fléchissent – au point de menacer la sortie en tête du candidat de l'UMP. Le problème, c'est que ce qui a marché une fois ne marche plus du tout. Bien au contraire, comme le souligne Laurent Bouvet, « l'islamophobie structurante » permet de donner au discours du Front national une cohérence – ou, plutôt, une apparente cohérence – en reliant la menace économique, la menace sociale et la menace culturelle. Pis encore, alors que le Front national était surtout puissant dans les milieux populaires, elle permet d'élargir son électorat en détachant « des morceaux des catégories moyennes et supérieures[1] » grâce à des thèmes comme la liberté individuelle ou l'égalité homme-femme. L'objectif tactique n'a pas été atteint et je suis convaincu que le débat sur l'identité, tel qu'il est mené, alimente la progression du Front national. En revanche, la société française est tendue comme jamais – une France « à cran[2] », pour reprendre la formule de Philippe Guibert. Le débat sur l'identité a fini par se réduire à peu de choses. Une nostalgie – un passé mythifié avec 70 % de Français qui partagent l'idée que « c'était mieux avant ». Un adversaire – l'islam, tout l'islam, rien que l'islam, dont plus de la moitié des Français estiment que c'est une religion qui n'est « pas compatible avec les valeurs de la société française ».

Voilà donc où nous en sommes.

Et voici où nous risquons d'aller.

Il est si facile de souffler sur les braises rougeoyantes. Il est si tentant de manipuler les mots magiques – « remplacement », « invasion », Français « de souche », « on est chez nous », « race blanche »…

1. *L'Insécurité culturelle, op. cit.*, p. 112.

2. Philippe Guibert, « Ne fermons plus les yeux sur une France à cran », Slate.fr, 15 octobre 2015.

Les démocrates doivent mesurer la fragilité de la société française et le danger de voir, demain, le débat se restructurer tout entier autour de l'identité, voire le vote se structurer de plus en plus autour de la religion.

Il est donc indispensable non pas de récuser le débat sur l'identité, mais de le réorienter et, pour ce faire, de le reformuler.

Il manque un discours sur « l'identité de la France », pour reprendre la formule, peut-être plus rassembleuse, de la célèbre trilogie de Fernand Braudel.

Il manque une réflexion sur les différents éléments constitutifs de cette identité pour leur redonner de la profondeur – c'est-à-dire un passé, un présent et un avenir. Une réflexion sur l'État, obligé de se réinventer pour cause de révolution numérique et d'asphyxie budgétaire, et dont Pierre Nora a eu raison de souligner que, en France, « la conscience de soi est liée au pouvoir, à l'État », et est donc « fondamentalement politique »[1]. Une réflexion sur la souveraineté qui, de la monnaie aux frontières, est de plus en plus partagée pour pouvoir être effective. Une réflexion sur les valeurs, c'est-à-dire à la fois le triptyque liberté-égalité-fraternité et la laïcité. Une réflexion sur la place de notre pays, tendu entre une ambition universelle et une obsession décliniste.

1. Pierre Nora, *Recherches de la France*, Gallimard, 2013, p. 544.

Réflexions sur la démocratie
(8) République

Pourquoi s'inquiéter de la démocratie et pas de la République alors que deux tiers des Français affirment ne plus être touchés par le mot « République » tant, à force d'être utilisé, il a perdu de sa force et de sa signification[1] ?

Dans un article retentissant, Régis Debray, il y a plus de vingt-cinq ans, avait posé la question : « Êtes-vous démocrate ou républicain[2] ? » Il regrettait la « confusion mentale et intellectuelle » entre « l'idée de République issue de la Révolution française » et « l'idée de démocratie, telle que la modèle l'histoire anglo-saxonne ». Il opposait terme à terme l'une à l'autre, sur tous les sujets possibles. Il classait ainsi écrivains, journaux et responsables politiques dans un camp ou dans l'autre. Il érigeait de facto l'opposition Démocratie/République en nouveau clivage suprême de la vie politique.

Relisant cet article aujourd'hui, on peut s'amuser des excès de la classification et de ce que Régis Debray

1. Sondage Ifop pour Atlantico, mai 2015.

2. Régis Debray, « Êtes-vous démocrate ou républicain ? », *Le Nouvel Observateur*, 30 novembre 1989.

lui-même avait qualifié de « petite caractérologie amusante » – quand, par exemple, il en arrive à affirmer que « le républicain est meilleur à l'écrit et le démocrate à l'oral » ; que l'un est un « froid », l'autre un « chaleureux » ; que l'un a « les défauts du masculin », l'autre « les qualités du féminin » ; qu'à l'un « importe surtout le temps qui passe » et à l'autre « le temps qu'il fait ».

Cette antinomie est psychologiquement insatisfaisante – ainsi définie, la République n'est qu'une idée dont il faudrait déplorer année après année la déréliction, ce que Régis Debray s'est d'ailleurs employé à faire avec un incomparable talent.

Surtout, cette antinomie est politiquement inopérante. Il est loisible de vouloir à la fois démocratiser la République – plus de contrat, plus de décentralisation, plus de contre-pouvoirs – et républicaniser la démocratie – plus de vertu, plus de volonté, plus de raison.

L'enjeu, pour la République comme pour la démocratie, se résume à un triptyque.

Il s'agit de la devise définie par l'article 2 de notre Constitution : liberté-égalité-fraternité.

Elle trace la ligne de démarcation entre ceux qui sont dans et hors de la République – car la démocratie et la République ne se limitent pas à un processus électoral, elles sont aussi et d'abord un ensemble de valeurs.

Elle permet de remettre sur ses pieds la controverse sur l'identité – dont la fraternité est la face positive.

Elle ouvre un beau débat, sans cesse renouvelé, sur l'équilibre entre chacun de ses volets et leur interprétation.

Lorsque, il y a quelques années, je préparais la possible candidature de Dominique Strauss-Kahn à l'élection présidentielle, je me souviens de ce qu'avait proposé le regretté Guy Carcassonne : n'y aurait-il pas plus beau slogan que « liberté-égalité-fraternité » ?

L'idée était audacieuse et stimulante.

Elle peut servir.

Il suffit de s'en saisir et, surtout, d'avoir l'exigence de la faire vivre.

Réflexions sur la démocratie
(9) Échéance

Nous sommes en 2016. Cette année, la droite va organiser ses primaires – et choisir, davantage encore qu'un homme, une identité. Cette année, le fond de décor de l'élection présidentielle va se dessiner – il déterminera pour partie le résultat. Aussi, il peut être utile de reprendre tout ce que je viens d'évoquer pour en faire une lecture en coupe et faire ressortir la cohérence de l'ensemble.

D'abord, la France.

Elle doit relever des défis immenses – comme cela lui est souvent arrivé dans sa longue histoire. Ceux d'aujourd'hui s'appellent mondialisation et numérisation – sans oublier évidemment le terrorisme et la lutte contre le changement climatique. Ils dessinent le monde de demain et la place qui sera celle de la France. Voilà le réel auquel elle doit se confronter en s'appuyant sur ce qu'elle est, mais en ayant aussi une claire conscience que tout ce qui a été ne sera plus nécessairement ; bref, qu'elle va devoir changer et changer rapidement. La réponse à ces défis se trouve pour partie dans la construction européenne, qui doit être surveillée avec vigilance, mais poursuivie avec persévérance : ce mélange de libéralisme politique, d'économie de marché régulée, de démocratie sociale et de diversité culturelle, qui fonde le modèle européen, doit être défendu. La réponse à ces défis se trouve aussi pour partie en nous-mêmes. La mondialisation, dans sa phase actuelle, offre des opportunités à un pays qui excelle dans les services et l'agriculture. Le numérique peut être un atout pour un peuple inventif comme le nôtre.

Ensuite, la gauche et la droite.

Chacun de ces camps doit entendre l'appel au renouvellement du système – telle est la face du populisme qu'il serait dangereux d'ignorer. Renouvellement des pratiques démocratiques. Renouvellement des responsables politiques avec notamment la limitation du cumul dans le temps. Renouvellement des comportements personnels en refusant les postures sans contenu et les polémiques sans intérêt.

À l'intérieur de chacun de ces camps, les réformistes doivent avoir le courage de mener le combat pour se libérer du surmoi marxiste qui règne depuis toujours à gauche et du surmoi frontiste qui progresse chaque jour à droite. Ils doivent avoir le sens des responsabilités pour chercher, et trouver, un consensus sur l'immigration et la laïcité – c'est le seul moyen de ne pas se laisser entraîner dans la surenchère identitaire. Ils doivent cultiver les valeurs démocratiques – le compromis, le respect, la tolérance, la raison – dans un refus intransigeant de toute compromission avec le Front national et en combattant celui-ci d'abord sur ce qu'il propose.

Enfin, la gauche.

C'est elle qui se trouve aujourd'hui dans la situation la plus difficile – parce que la gauche est à la fois faible et divisée, ce qui fait beaucoup…

Social-écologie, social-démocratie, social-réformisme, gauche libérale, au-delà de la question de sa dénomination, elle doit trancher la question de son rôle dans la période : veut-elle être un mouvement qui défend des causes justes ou un parti qui transforme le réel et aspire à gouverner – donc à se confronter au monde tel qu'il est ?

Si elle veut continuer à gouverner, elle doit se transformer profondément. Défendre un idéal d'émancipation des individus, d'où qu'ils viennent, c'est-à-dire une promesse d'égalité et de démocratie. Proposer une nouvelle offre politique, garante de l'intérêt général et du long terme, qui s'adresse à tous les citoyens – ce n'est plus l'alliance entre partis qui créera une dynamique, c'est la dynamique qui inventera une nouvelle alliance politique. Conduire le combat culturel, c'est-à-dire défendre une vision de la société qui soit à la fois réaliste et désirable et qui fasse pièce à celle qu'impose le Front national.

Réflexions sur la démocratie (10) Espérance

Je termine avec l'optimisme – ou le message – d'Al Gore. Parce que tel est mon tempérament. Et parce que, aussi, je n'aurais pas écrit cet essai si je pensais que tout était joué, tout était écrit, tout était foutu.

J'aime bien Al Gore. Il a perdu l'élection présidentielle aux États-Unis après avoir obtenu davantage de voix que George W. Bush et après une défaite contestée en Floride, mais il a eu l'élégance de ne jamais remettre en cause la légitimité du président républicain. Mieux, il a su faire preuve d'autodérision – ce n'est pas si fréquent chez un responsable politique – en se présentant, à l'ouverture de ses conférences, comme l'« ex-futur président des États-Unis », lui qui, vice-président de Bill Clinton, devait lui succéder, mais avait finalement été vaincu. Il a su, enfin, rebondir, épouser un autre combat, devenir, avec ses livres et ses films, un militant convaincant de la lutte contre le changement climatique – jusqu'à obtenir le prix Nobel en 2007.

J'aime, surtout, cette parabole qu'il a utilisée – précisément dans la lutte contre le changement climatique, mais qui peut tout aussi bien l'être dans le combat contre les dérives démocratiques.

C'est l'histoire d'un jeune garçon et d'un vieil homme qui est réputé trouver toutes les réponses aux questions qui lui sont posées. Le jeune garçon veut piéger le vieil homme. Il capture un petit oiseau, l'enferme dans ses mains et demande au vieil homme si l'oiseau est mort ou vivant. S'il répond que l'oiseau est vivant, le jeune enfant sert les doigts et le tue. S'il répond que l'oiseau est mort, il ouvre les mains et le libère. Le vieil homme réfléchit un instant et répond : la réponse est entre tes mains.

Chacun de nous est ce petit enfant.

Nous jouons avec la démocratie – avec la gauche et la droite, avec le peuple et les élites, avec l'identité et l'égalité.

Nous avons un oiseau, fragile et gracile, blotti entre nos mains.

Nous pouvons les serrer.

Nous pouvons les ouvrir.

Tout est affaire de choix.

Tout est affaire de volonté.

Tout est affaire de confiance.

Remerciements

J'assume seul, comme il est de tradition, le contenu de cet essai et donc les erreurs qui pourraient s'y trouver. Mais un essai est aussi une aventure collective. Je veux remercier l'équipe de la Fondation Jean-Jaurès, dont les travaux de recherche comme les remarques de fond m'ont été précieux – merci donc à Laurent Cohen, Aline Grange, Thierry Germain, Jérémie Peltier, Caroline Durand-Gasselin, Alice Archimbaud, Marinette Valliergue et Jean-Baptiste Baudat. Je veux remercier aussi très chaleureusement mes relecteurs – je ne les cite pas pour ne pas les compromettre mais, sans eux, le livre aurait été bien différent. Je veux remercier enfin Juliette, non seulement pour avoir nourri ma réflexion par des échanges permanents mais surtout pour avoir été et pour être là.

Table des matières

Note aux lecteurs 9
Introduction 11

Réflexions sur la démocratie
(1) Procédure 23
(2) Culture 27
(3) Crise 29
(4) Clivage 31

PREMIÈRE PARTIE
Gauche-droite

1. 1980 39

2. 1980-2015 47
Le clivage relativisé 47
Le clivage lézardé 53
Le clivage transcendé 61

3. 2015 67
Le brouillard idéologique 67
Le brouillard électoral 70
Le brouillard politique 75

Réflexions sur la démocratie
(5) Structuration 87

DEUXIÈME PARTIE
Peuple-élite

1. L'impasse populiste 91
Le danger 96
L'impuissance 107

2. L'illusion élitaire 121
Défense du réformisme 123
Débat sur le chemin du réformisme 136

Réflexions sur la démocratie
(6) Expérience 145
(7) Questions 147

TROISIÈME PARTIE
Égalité-identité

Égalité-identité 151

1. La fausse alternative 155
Deux problèmes réels 155
Deux questions liées 161

2. La vraie hiérarchie 171
Pourquoi ? 172
Comment ? 182

Réflexions sur la démocratie
(8) République 207
(9) Échéance 211
(10) Espérance 215

Remerciements 217

Composition et mise en pages
Nord Compo à Villeneuve-d'Ascq

*Achevé d'imprimer en janvier 2016
sur les presses numériques de l'Imprimerie Maury S.A.S.
Z.I. des Ondes – 12100 Millau*

PAPIER À BASE DE FIBRES CERTIFIÉES

Fayard s'engage pour l'environnement en réduisant l'empreinte carbone de ses livres. Celle de cet exemplaire est de :
0,750 kg éq. CO_2
Rendez-vous sur www.fayard-durable.fr

36-4685-8/02
N° d'impression : A16/53566P

Imprimé en France